Lutz Sänger

Die Bindungswilligkeit von Auszubildenden an ihren Ausbildungsbetrieb

Untersuchungsergebnisse mit Handlungsempfehlungen für Unternehmen

Diplomica Verlag GmbH

Sänger, Lutz: Die Bindungswilligkeit von Auszubildenden an ihren Ausbildungsbetrieb: Untersuchungsergebnisse mit Handlungsempfehlungen für Unternehmen, Hamburg, Diplomica Verlag GmbH 2013

Buch-ISBN: 978-3-8428-8795-4
PDF-eBook-ISBN: 978-3-8428-3795-9
Druck/Herstellung: Diplomica® Verlag GmbH, Hamburg, 2013

Bibliografische Information der Deutschen Nationalbibliothek:
Die Deutsche Nationalbibliothek verzeichnet diese Publikation in der Deutschen Nationalbibliografie; detaillierte bibliografische Daten sind im Internet über http://dnb.d-nb.de abrufbar.

Das Werk einschließlich aller seiner Teile ist urheberrechtlich geschützt. Jede Verwertung außerhalb der Grenzen des Urheberrechtsgesetzes ist ohne Zustimmung des Verlages unzulässig und strafbar. Dies gilt insbesondere für Vervielfältigungen, Übersetzungen, Mikroverfilmungen und die Einspeicherung und Bearbeitung in elektronischen Systemen.

Die Wiedergabe von Gebrauchsnamen, Handelsnamen, Warenbezeichnungen usw. in diesem Werk berechtigt auch ohne besondere Kennzeichnung nicht zu der Annahme, dass solche Namen im Sinne der Warenzeichen- und Markenschutz-Gesetzgebung als frei zu betrachten wären und daher von jedermann benutzt werden dürften.

Die Informationen in diesem Werk wurden mit Sorgfalt erarbeitet. Dennoch können Fehler nicht vollständig ausgeschlossen werden und die Diplomica Verlag GmbH, die Autoren oder Übersetzer übernehmen keine juristische Verantwortung oder irgendeine Haftung für evtl. verbliebene fehlerhafte Angaben und deren Folgen.

Alle Rechte vorbehalten

© Diplomica Verlag GmbH
Hermannstal 119k, 22119 Hamburg
http://www.diplomica-verlag.de, Hamburg 2013
Printed in Germany

Inhaltsverzeichnis

Abbildungsverzeichnis IV

Hinweis zur sprachlichen Gestaltung V

1 Einleitung 1

2 Allgemeines 2

    2.1 Wertewandel in der Gesellschaft 2

    2.2 Zusammenhang zum herrschenden Fachkräftemangel in Deutschland 3

3 Grundlagen zum Thema Ausbildung 4

    3.1 Aktuelle Zahlen 4

    3.2 Finanzielle Analyse 4

    3.3 Nutzen einer Ausbildung 6

4 Grundlagen zur Bindung von Mitarbeitern 7

    4.1 Inhaltstheorie zur Motivation nach Maslow 7

    4.2 Inhaltstheorie zur Motivation nach Herzberg 8

    4.3 Retention Management 8

        4.3.1 Allgemeines 8

        4.3.2 Retention-Management-Prozess 9

        4.3.3 Fazit 10

5 Bindungswilligkeit von Auszubildenden und Einflussfaktoren für Unternehmen 11

    5.1 Mitarbeiterbindung 11

    5.2 Einflussmöglichkeiten auf die Bindungswilligkeit vor Ausbildungsbeginn .. 13

    5.3 Einflussmöglichkeiten auf die Bindungswilligkeit während der Ausbildung 13

        5.3.1 Allgemeines 13

        5.3.2 Immaterielle Anreize 13

        5.3.3 Materielle Anreize 17

    5.4 Einflussmöglichkeiten auf die Bindungswilligkeit nach der Ausbildung 17

Inhaltsverzeichnis

6 Untersuchung der Bindungswilligkeit von Auszubildenden an ihren Ausbildungsbetrieb 18
    6.1 Befragung 18
    6.2 Aufbau des Fragebogens 19
    6.3 Pretest 22
    6.4 Datenerhebung 22
    6.5 Ergebnisse 23

7 Auswertung der Untersuchungsergebnisse 25
    7.1 Allgemeines 25
    7.2 Wichtigste Einflussfaktoren auf die Bindungswilligkeit von Auszubildenden 26
    7.3 Veränderung in der Unternehmensbewertung der Auszubildenden vom 1. zum 3. Lehrjahr 26
    7.4 Geeignete personenbezogene Eigenschaften von Bewerbern 28
    7.5 Branchen- und Unternehmensgrößenvergleich 29
    7.6 Unternehmensseitige Wertschätzung der Auszubildenden 30
        7.6.1 Führungskräfte und Arbeitsinhalte 30
        7.6.2 Einfluss von finanziellen Anreizen 30
        7.6.3 Einfluss eines frühzeitigen Ansprechens 31
    7.7 Einfluss von akademisch gebildeten Elternteilen 31
    7.8 Abiturienten und ihre Eignung für eine Ausbildung 32
    7.9 Einfluss der Familienplanung 33

8 Optimierungsmöglichkeiten für Unternehmen hinsichtlich der Bindungswilligkeit ihrer Auszubildenden 34
    8.1 Wichtigste Einflussfaktoren auf die Bindungswilligkeit von Auszubildenden 34
    8.2 Einfluss von finanziellen Anreizen 36
    8.3 Einfluss eines frühzeitigen Ansprechens 36
    8.4 Einfluss von akademisch gebildeten Elternteilen 37
    8.5 Abiturienten und ihre Eignung für eine Ausbildung 37
    8.6 Weitere Optimierungsmöglichkeiten für Unternehmen zur Steigerung der Bindungswilligkeit 38

Inhaltsverzeichnis

9 Schlussbetrachtung **40**

Anhang .... **VI**

    Fragebogen 42

    Informationsschreiben 44

    Darstellung der Ergebnisse der inhaltsbezogenen Umfrageantworten 45

    Darstellung genutzter SPSS-Auswertungen 55

    Mittelwertanalyse 64

Quellenverzeichnis .... **VII**

Abbildungsverzeichnis

Abbildungs-Nr.:	Thema:	Seite:
1	Der Retention-Management-Prozess	10
2	Wann fühlen sich Mitarbeiter wohl?	12
3	Geschlechterstruktur der Umfrageteilnehmer	24
4	Lehrjahrstruktur der Umfrageteilnehmer	24
5	Branchenstruktur der Umfrageteilnehmer	24
6	Schulabschlussstruktur der Umfrageteilnehmer	24
7	Tätigkeit der Umfrageteilnehmer vor Ausbildungsbeginn	24
8	Altersstruktur der Umfrageteilnehmer	24
9	Unternehmensgrößenstruktur der Umfrageteilnehmer	25
10	Umfrageteilnehmerstruktur mit akademisch gebildetem Elternteil	25
11	Genannte Einflussfaktoren der befragten Auszubildenden auf die Bindungswilligkeit (>70%)	26
12	Korrelation der einzelnen Lehrjahre zwischen Perspektive und einer Jobannahme im Unternehmen	27

Hinweis zur sprachlichen Gestaltung

Im Folgenden wird auf Grund der einfacheren Lesbarkeit nur die männliche Form verwendet. Jegliche Aspekte beziehen sich nichtsdestotrotz sowohl auf die männliche als auch auf die weibliche Person.

1 Einleitung

In Zeiten des Fachkräftemangels gelingt es Unternehmen nicht immer, passende Bewerber für einen Arbeitsplatz zu finden. Qualifikationen und Anforderungen sind oft nicht deckungsgleich und verhindern einen Einstieg in das Unternehmen. Der Fachkräftemarkt hat sich vom Stellenwert her immer mehr zu einem bewerberorientierten und weg von einem angebotsorientierten Markt entwickelt.[1] Mithilfe von Ausbildung können Unternehmen diese Problematik etwas entschärfen. Selbst ausgebildete, oft junge Menschen werden zu Fachkräften qualifiziert und können ihre Arbeitskraft in das Unternehmen einbringen. Denn nur durch ausreichend qualifizierte Mitarbeiter kann die Sicherung der zukünftigen Leistungsfähigkeit eines Unternehmens gewährleistet werden. Das Ausbildungsangebot eines Unternehmens ist aber keine Garantie für ausreichend qualifizierte Arbeitskräfte. Zum einen kann durch Fluktuation oder andere Effekte die Zahl der Mitarbeiter schneller sinken, als dass die freien Arbeitsplätze mit ausgelernten Auszubildenden besetzt werden können. Zum anderen sind viele Auszubildende nicht gewillt, nach dem Abschluss der Ausbildung im Unternehmen weiter beschäftigt zu sein. Verschiedene Faktoren beeinflussen die Entscheidung, nach der Ausbildung einen Arbeitsvertrag beim Unternehmen zu unterzeichnen. Diese Studie soll dazu beitragen, Gründe für die Bindungswilligkeit von Auszubildenden zu untersuchen und durch die Ergebnisse Unternehmen Möglichkeiten aufzeigen, wie diese am jeweiligen Ende einer Ausbildung die nun vorhandenen Fachkräfte an sich binden können. Zur Einführung in das Thema werden im 2. Kapitel allgemeine Aspekte und im 3. Kapitel Informationen rund um das Thema Ausbildung kurz zusammengefasst. Um die Bindungswilligkeit genauer zu analysieren, folgen im 4. Kapitel theoretische Grundlagen aus der Motivationstheorie und darauf aufbauend sollen im 5. Kapitel mögliche Einflussfaktoren für Unternehmen auf die Bindungswilligkeit von Auszubildenden aufgezeigt werden. Die Untersuchung des

---

[1] Vgl. Buckert, 2011, S. 27.

Stellenwertes dieser Einflussfaktoren soll mithilfe eines Fragebogens erfolgen. Dessen Erstellung und weitere Informationen zur Vorgehensweise der Datenerhebung werden im 6. Kapitel erläutert.

Die Auswertung der Umfrage zur Bindungswilligkeit von Auszubildenden an ihren Ausbildungsbetrieb bildet im 7. Kapitel das Kernelement dieser Studie und soll verschiedene Hypothesen zur Steigerung der Bindungswilligkeit überprüfen. Anhand dieser Ergebnisse werden im 8. Kapitel Einflussfaktoren und Optimierungsmöglichkeiten für Unternehmen entwickelt, damit die Bindungswilligkeit von Auszubildenden gesteigert werden kann. Denn eine Ausbildung bietet erst dann den größten Nutzen für ein Unternehmen, wenn die Auszubildenden nach Abschluss ihrer Ausbildung ein Übernahmeangebot des Unternehmens annehmen. Die Schlussbetrachtung im 9. Kapitel fasst die Studie mit einer kritischen Reflexion kurz zusammen und soll Unternehmen die Wichtigkeit von Ausbildung sowie die Chancen zur Steigerung der Bindungswilligkeit von Auszubildenden verdeutlichen.

2 Allgemeines

2.1 Wertewandel in der Gesellschaft

Die Gesellschaft in Deutschland hat sich in den letzten Jahren stets weiter entwickelt. Die Stellung von Arbeit im Vergleich zu Gesundheit und Freizeit bzw. Familie hat sich im Vergleich zu früher verändert.[2] Unter dem Begriff des Work-Life-Balance wird das Verhältnis von Arbeit und Privatem verstanden und zeigt den höheren Wunsch in der Gesellschaft nach Freizeit.[3] Der Wertewandel in der Gesellschaft stellt Unternehmen vor eine große Herausforderung bei der Mitarbeiterbindung. Der Fachkräftemangel sowie der demographische Wandel steigern in vielen Bereichen diese Herausforderung und verstärken das Umwerben von qualifizierten Fachkräften für freie Arbeitsplätze in den Unternehmen. Der Mitarbeiter und nicht nur seine

---
[2] Vgl. Burner, 2013, S. 9ff.
[3] Vgl. Schneewind, 2009, S. 81ff.

Arbeitsleistung stehen in der heutigen Zeit im Vordergrund.
Die Ausfallzeiten der Mitarbeiter, z. B. durch Burnout, haben in Unternehmen zu einem Umdenken geführt. Gesundheitsvorsorge, Arbeitsplatzsicherheit und viele andere Themen führen zu einer verstärkten Unterstützung der Mitarbeiter.

Mitarbeitern bzw. Auszubildenden muss eine angenehme Arbeitsatmosphäre geschaffen werden, bei der diese sich wohlfühlen und motiviert ihre Arbeitsleistung in das Unternehmen einbringen. Besonders bei Auszubildenden ist dieser Aspekt nicht zu unterschätzen. Bei der Beendigung des Arbeitsverhältnisses nach der Ausbildung entsteht für das Unternehmen ein großer Nutzenverlust, da den während der Ausbildung entstandenen Kosten keine weiteren produktiven Arbeitsleistungen durch die neu ausgebildete Fachkraft entgegenstehen. Für Unternehmen ist es deshalb von Bedeutung, Aspekte zu erkennen, die dem Auszubildenden wichtig sind und somit zu einer Bindung an das Unternehmen beitragen.

2.2 Zusammenhang zum herrschenden Fachkräftemangel in Deutschland

Durch eine nicht ausgereifte oder unvollständige Betreuung der Auszubildenden von Seiten der Unternehmen wird der Fachkräftemangel verstärkt. Ausgebildete, potentielle Mitarbeiter verlassen das Unternehmen und hinterlassen Lücken bei der Personalplanung. Das Finden von neuen geeigneten Fachkräften für einzelne Arbeitsgebiete nimmt in Zeiten des Fachkräftemangels viel Zeit in Anspruch und bringt Probleme sowie Kosten mit sich.[4] Als Beispiel kann hier die Einarbeitungszeit für neue externe Mitarbeiter genannt werden. Durch das Verlassen des Auszubildenden aus dem Unternehmen steht dieser evtl. dem Arbeitsmarkt nicht sofort wieder zur Verfügung. Maßnahmen wie z. B. Bewerbungsverfahren nehmen viel Zeit in Anspruch und verzögern die Integration als neue Fachkraft.

---

[4] Vgl. Mitesser, 2012, S. 40.

3 Grundlagen zum Thema Ausbildung

3.1 Aktuelle Zahlen

Die Zahl der neu abgeschlossenen Ausbildungsverträge hat sich im Vergleich vom Jahr 2011 zum Jahr 2012 negativ entwickelt. Rund 548.000 Auszubildende haben im Jahr 2012 einen Ausbildungsvertrag abgeschlossen. Dies entspricht einem Rückgang von fast 18.000 Auszubildenden. Die Zahl aller Auszubildenden in den 345 anerkannten Ausbildungsberufen in Deutschland sank auf knapp 1,43 Millionen, einem Minusrekord seit der Wiedervereinigung.[5] Dieser Trend einer rückläufigen Anzahl von Auszubildenden, wird laut verschiedenen Forschern in den kommenden Jahren anhalten. Somit ist es heutzutage besonders wichtig, die verbleibenden Auszubildenden zukünftig zu halten, um Fachkräfte für das eigene Unternehmen zu sichern. Die Übernahmezahlen von Auszubildenden sind besonders branchen-, unternehmensgrößen- und konjunktur- sowie regionalabhängig.

3.2 Finanzielle Analyse

Bei der Ausbildung junger Menschen fallen nicht nur Kosten für ein Unternehmen, sondern ebenfalls Erträge bzw. Vorteile an. Die schwierige Ermittlung dieser einzelnen Daten wird aufgrund des Aufwandes nur in wenigen Unternehmen durchgeführt.[6] Im Folgenden soll dieser Bereich mit einigen allgemein gültigen Punkten erläutert werden.

Grundsätzlich fallen für Auszubildende im Verlauf der Ausbildung Personal-, Sach- und sonstige Kosten an. Diese Kosten können unter dem Begriff der Bruttokosten zusammengefasst werden.[7]

Als Personalkosten sind für Auszubildende die Ausbildungsvergütung, die gesetzlichen Sozialleistungen und tarifliche bzw. freiwillige Sozialleistungen zu nennen.[8]

---

[5] Vgl. www.bibb.de/de/wlk26560.htm#Fussnote3, Bundesinstitut für Berufsbildung, Anzahl der Ausbildungsberufe, 20.03.2013.
[6] Vgl. Schorlemer, 2013, S. 486.
[7] Vgl. Beicht / Herget / Walden, 2004, S. 22.
[8] Vgl. Dionisius / Pfeifer / Schönfeld / Walden / Wenzelmann, 2010, S. 33f.

Außerdem fallen noch Personalkosten für Ausbilder an, die sich aus hauptberuflichen, nebenberuflichen sowie externen Ausbildern zusammensetzen.[9] Der Bereich der Anlage- und Sachkosten umfasst arbeitsplatzbezogene Kosten, wie z. B. Übungsmaterial, Kosten für Lehrwerkstätten und innerbetrieblichen Unterricht.[10] Die sonstigen Kosten entsprechen z. B. Kammergebühren sowie Berufs- und Schutzkleidung.[11]

All diese Kosten stehen verschiedenen Vorteilen gegenüber. So wird ein Auszubildender bereits während der Ausbildung produktiv für das Unternehmen tätig und erbringt verwertbare Leistungen, die den Kosten entgegenstehen.[12]

Ein weiterer großer Vorteil für ein ausbildendes Unternehmen ist die Einsparung der Personalgewinnungskosten.[13] Hierunter können im Bereich Bewerbungsverfahren z. B. die Inserierungskosten sowie Kosten für externe Berater zusammengefasst werden. Außerdem fallen keine Einarbeitungskosten, wie z. B. Kosten der Weiterbildungskurse sowie Kosten von Leistungsunterschieden in der Einarbeitungszeit an. Diese Kosten würden bei einem Verlassen eines Auszubildenden nach der Ausbildung und einer gleichzeitig benötigten neuen Arbeitskraft zusätzlich anfallen und das Unternehmen belasten. Es sollte somit eine Übernahme auch aus Kostensicht für das Unternehmen angestrebt werden.

Je nach Ausbildung fallen für ein Unternehmen durchschnittlich ca. 15.300 € pro Jahr an Bruttokosten an.[14]

Die positiv zu bewertenden Vorteile werden von diesen Bruttokosten abgezogen und ergeben die Nettokosten der Ausbildung und somit die reale Kostenbelastung für das ausbildende Unternehmen.[15]

Die Nettokosten belaufen sich im Durchschnitt auf ca. 3.600 Euro im Jahr pro Auszubildenden.[16]

---

[9] Vgl. Dionisius / Pfeifer / Schönfeld / Walden / Wenzelmann, 2010, S. 33f.
[10] Vgl. Dionisius / Pfeifer / Schönfeld / Walden / Wenzelmann, 2010, S. 33f.
[11] Vgl. Dionisius / Pfeifer / Schönfeld / Walden / Wenzelmann, 2010, S. 33f.
[12] Vgl. Dionisius / Pfeifer / Schönfeld / Walden / Wenzelmann, 2010, S. 35.
[13] Vgl. Dionisius / Pfeifer / Schönfeld / Walden / Wenzelmann, 2010, S. 36f.
[14] Vgl. Dionisius / Pfeifer / Schönfeld / Walden / Wenzelmann, 2010, S. 42f.
[15] Vgl. Dionisius / Pfeifer / Schönfeld / Walden / Wenzelmann, 2010, S. 42f.
[16] Vgl. Dionisius / Pfeifer / Schönfeld / Walden / Wenzelmann, 2010, S. 42f.

Teilweise profitieren Unternehmen von staatlichen Förderprogrammen, wie z. B. das Ausbildungsplatzprogramm Ost aus dem Jahr 2009, bei dem mit Investitionen in Millionenhöhe ca. 5.000 neue Ausbildungsplätze geschaffen wurden.[17]

3.3 Nutzen einer Ausbildung

In diesem Bereich, Nutzen einer Ausbildung, wird zwischen zwei Ausbildungsparteien unterschieden. Auf der einen Seite die Bewerber und zukünftigen Auszubildenden und auf der anderen Seite die Unternehmen.

Auszubildende bewerben sich u. a. aufgrund von Interesse an der Tätigkeit, Vorbildern bzw. beeinflussenden Personen aus der Familie oder aus Gründen der Existenzsicherung. Eine abgeschlossene Berufsausbildung bietet einen großen Vorteil auf dem Arbeitsmarkt, da dessen Fehlen mit einer erhöhten Gefahr von Arbeitslosigkeit, weiteren sozialen Benachteiligungen und gesellschaftlicher Desintegration verbunden ist.[18]

Auf Unternehmensseite gibt es verschiedene Ausbildungsmotive.

Das Qualifizierungsmotiv, das Investitionsmotiv, das Reputationsmotiv, das Screening-Motiv, das Produktionsmotiv und das Motiv der sozialen Verantwortung können in diesen Fällen genannt werden. Von den sechs Motiven werden im Folgenden zwei Motive kurz beschrieben.

Das Reputationsmotiv umfasst die Annahme des Unternehmens, durch Ausbildung ein höheres Ansehen bei Kunden, Lieferanten und sonstigen Geschäftspartnern sowie bei leistungsfähigen Fachkräften auf dem externen Arbeitsmarkt zu generieren. Somit können durch das gesteigerte Image des Unternehmens die Kosten bei der Bewerbersuche und Auswahl für eine Ausbildung gesenkt werden.[19]

Unter dem Screening-Motiv bei Unternehmen wird eine Form verlängerter Probezeit verstanden. Unternehmen können Auszubildende lange beobachten und testen, um dadurch die am geeignetsten

---

[17] Vgl. Bundesministerium für Bildung und Forschung, 2010, S. 20f.
[18] Vgl. Molzberger, 2009, S. 153.
[19] Vgl. Dionisius / Pfeifer / Schönfeld / Walden / Wenzelmann, 2010, S. 15.

Übernahmekandidaten auszuwählen.[20] Zusätzlich fallen keine Einarbeitungskosten für neue Mitarbeiter an und die Kosten der Personalakquisition können eingespart werden.[21]

4 Grundlagen zur Bindung von Mitarbeitern

4.1 Inhaltstheorie zur Motivation nach Maslow

Menschen werden durch verschiedene Aspekte sowie eigene Bedürfnisse motiviert, eine Aufgabe zu erfüllen. Besonders bei Auszubildenden ist es wichtig, ihnen aufzuzeigen, dass ihre Bedürfnisse im jeweiligen Unternehmen erfüllt werden können, damit sie zukünftig an einer Arbeitsstelle im Unternehmen interessiert sind. Dies kann schon während der Ausbildung oder z. B. durch einen Karriereplan für die Zeit nach der Ausbildung erfolgen.

Die Bedürfnispyramide nach Maslow beschreibt das Streben nach aufsteigender Erfüllung der einzelnen Bedürfnisstufen. Das Interesse an einer höheren Stufe entsteht erst bei der Erfüllung der aktuellen Stufe. Maslow benennt die untersten Stufen als Defizitbedürfnisse, die erfüllt sein müssen, damit kein substantieller Mangel wahrgenommen wird. Diese Stufen sind durch physiologische Funktionen des Körpers limitiert. So geht das Interesse an Essen nach und nach verloren, wenn die Sättigung einsetzt. Auf diesen Defizitbedürfnissen folgen die Wachstumsbedürfnisse ohne jeweilige Begrenzung, die theoretisch immer weiter ausgebaut werden können.[22] Als ein Beispiel kann hier das Vergrößern von Geldvermögen einer Person genannt werden. Ein Unternehmen muss somit analysieren, welche Stufe ein Auszubildender derzeit erreichen will, damit auf diesen Aspekt genauer eingegangen und die Bindungswilligkeit gesteigert werden kann. Die sozialen Bedürfnisse betrachtend, kann z. B. die Zugehörigkeit in Form von gemeinsamen Aktivitäten oder Teamarbeit verbessert werden, um so den Bedürfnissen des Mitarbeiters nachzukommen.

---

[20] Vgl. Dionisius / Pfeifer / Schönfeld / Walden / Wenzelmann, 2010, S. 14f.
[21] Vgl. Beicht / Herget / Walden, 2004, S. 221.
[22] Vgl. Maslow, 1954, S. 90ff.

4.2 Inhaltstheorie zur Motivation nach Herzberg

Auch die Zwei-Faktoren-Theorie von Frederick Herzberg beschäftigt sich als eine Inhaltstheorie mit der Arbeitsmotivation und muss aus Sicht der Unternehmen bei der Betreuung ihrer Auszubildenden beachtet werden. Bei dieser Theorie wird zwischen den Motivatoren und den Hygienefaktoren als Einflussgrößen unterschieden. Beide Ausprägungen müssen vorhanden sein, um Arbeitszufriedenheit zu erleben.[23]

Hygienefaktoren verhindern bei positiver Ausprägung die Entstehung von Unzufriedenheit. Für Zufriedenheit können diese allerdings nicht sorgen.[24] Als Beispiele können die Entlohnung, der Führungsstil und die zwischenmenschlichen Bezieh-ungen zu Mitarbeitern und Vorgesetzten genannt werden.

Die Motivatoren befassen sich mit dem Inhalt der Arbeit und beeinflussen die Motivation zur Leistung selbst.[25] In diesem Fall können beispielhaft das Tragen von Verantwortung oder der Erwerb von Anerkennung genannt werden. Motivatoren verändern also die Zufriedenheit, ihr Fehlen führt aber nicht zwangsläufig zur Unzufriedenheit. Das Streben nach Wachstum und Selbstzufriedenheit steht hier im Mittelpunkt.[26]

Die Erfahrungen aus der Ausbildungszeit prägen den Auszubildenden und wirken als Hygienefaktoren bzw. Motivatoren auf diesen ein. Somit sollte von Unternehmensseite versucht werden, die Erfahrungen während der Ausbildung immer positiv zu halten, um die Auszubildenden davon zu überzeugen, die Übernahmeangebote nach der Ausbildung anzunehmen.

4.3 Retention Management

4.3.1 Allgemeines zum Retention Management

Retention Management umfasst verschiedene Bereiche des Personalmanagements u. a. die Bereiche Personalmarketing und

---

[23] Vgl. Herzberg / Mausner / Snyderman, 1959, S. 72ff.
[24] Vgl. Herzberg / Mausner / Snyderman, 1959, S. 72ff.
[25] Vgl. Herzberg / Mausner / Snyderman, 1959, S. 72ff.
[26] Vgl. Herzberg / Mausner / Snyderman, 1959, S. 72ff.

Personalführung.[27] Durch das Retention Management und der damit versuchten Motivationssteigerung sowie der evtl. entstandenen Begeisterung soll es dem Unternehmen gelingen, Leistungs- und Potentialträger langfristig an das Unternehmen zu binden. Die Übereinstimmung von klar definierten und kommunizierten Werten und Visionen des Unternehmens mit denen des Mitarbeiters lassen eine starke persönliche Bindung zum Unternehmen entstehen. Hierbei ist es für das Retention Management entscheidend, eine Umgebung zu schaffen, die die Leistung, die Loyalität und damit die Identifikation des Mitarbeiters zum Unternehmen fördert.[28] Zusätzliche unterstützende Anreize sind u. a. materielle und immaterielle Anreizsysteme, verschiedene Karrieremodelle sowie Arbeitszeitmodelle im jeweiligen Unternehmen.[29] Voraussetzungen für ein erfolgreiches Retention Management sind authentische Botschaften bei der Außendarstellung als attraktives Unternehmen.[30] Falsche und nicht realistische Erwartungen führen beim Mitarbeiter zu Unzufriedenheit und somit zu einer geringen Bindungswilligkeit.

4.3.2 Retention-Management-Prozess

Das Retention Management kann in einem Prozess anschaulich dargestellt werden (siehe Abbildung 1). Zu Beginn dieses Prozesses ist es wichtig, Schlüsselkräfte zu identifizieren.[31]
Durch Mitarbeiteranalysen können diese anschließend genauer betrachtet werden. Ziel ist es, Mitarbeiter mit großem Fachwissen und besonderen Fähigkeiten an das Unternehmen langfristig zu binden. Nach der Analyse der Schlüsselkräfte wird der Handlungsbedarf aufgezeigt und gemessen.[32] Darauf aufbauend folgt die Planung von Maßnahmen des Retention Managements und deren Durchführung. Retention Management Maßnahmen können u. a. die Vermittlung der Unternehmensstruktur und -kultur, die Durchführung von

---

[27] Vgl. Heyse / Wucknitz, 2008, S. 29.
[28] Vgl. Heyse / Wucknitz, 2008, S. 29.
[29] Vgl. Preißing, 2010, S. 93.
[30] Vgl. Kriegler, 2012, S. 166.
[31] Vgl. Heyse / Wucknitz, 2008, S. 27.
[32] Vgl. Heyse / Wucknitz, 2008, S. 27.

regelmäßigen Erwartungs- und Feedbackgesprächen sowie die Anpassung des Führungsstils sein.[33] Während des gesamten Prozesses, besonders jedoch am Ende, ist Controlling von Bedeutung, damit die Wirkung und der Einfluss der einzelnen Maßnahmen überprüft werden kann.[34]

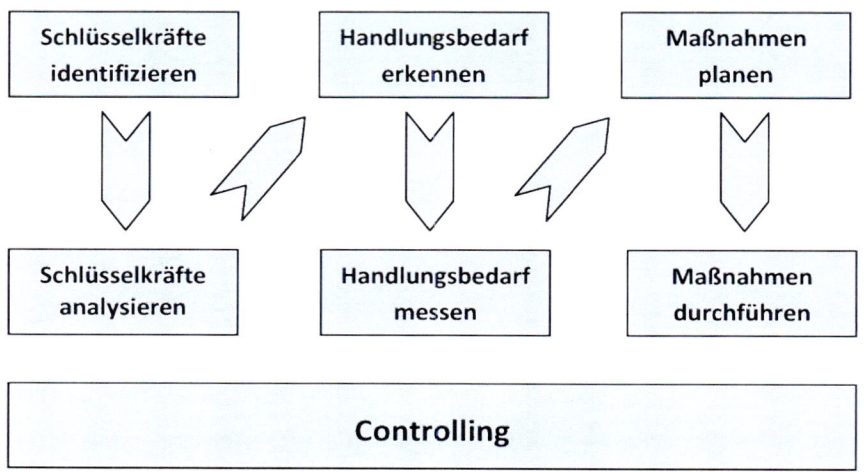

Abb. 1: Der Retention-Management-Prozess[35]

4.3.3 Fazit

Fehlzeiten von Mitarbeitern können auf Unzufriedenheit hindeuten und Ausdruck geringerer Bindungswilligkeit sein. Mithilfe von Retention Management kann die Fluktuation gesenkt und die Einsatzbereitschaft der Mitarbeiter durch Erhöhung der Arbeitszufriedenheit gesteigert werden.[36] Auftretende Kosten durch den Weggang von Mitarbeitern, besonders von Leistungsträgern, werden kontinuierlich verringert. Auch das Ansehen des Unternehmens kann durch Retention Management erhöht werden, da das Wissen und die Fähigkeiten des einzelnen Mitarbeiters gesehen und gefördert werden. Zusätzlich wird auf dem externen Arbeitsmarkt u. a. die Unternehmensattraktivität erhöht. Retention Management kann somit dazu beitragen, den Unternehmenserfolg zu steigern und einen wichtigen Beitrag zur Zukunftsfähigkeit des Unternehmens leisten.

---

[33] Vgl. Bösenberg / Küppers, 2011, S.112.
[34] Vgl. Heyse / Wucknitz, 2008, S. 27.
[35] Vgl. Heyse / Wucknitz, 2008, S. 27.
[36] Vgl. Kobi, 2008, S. 126.

5 Bindungswilligkeit von Auszubildenden und Einflussfaktoren für Unternehmen

5.1 Mitarbeiterbindung

Die Bindung von Mitarbeitern an ein Unternehmen kann in verschiedene Bereiche unterteilt werden, die wiederum in unterschiedlichster Art und Weise beeinflusst werden können. Ein wichtiger Teil der Mitarbeiterbindung wird als affektives Commitment bzw. als emotionale Bindung des Mitarbeiters an die Organisation bezeichnet und beschreibt das Gefühl der Zugehörigkeit und Verbundenheit mit dem Unternehmen. Besonders die Stärkung dieser Form des Commitments ist von Erfolg gekrönt, da eine positive innere Einstellung der Mitarbeiter die Bindungschancen erhöhen.[37]

Das normative Commitment ist ein weiterer Bestandteil der Mitarbeiterbindung und umfasst moralisch-ethische Aspekte der Bindung, bei der die Werte der Organisation akzeptiert werden. Außerdem ist das kalkulative Commitment zu nennen, durch das die Bindung von Mitarbeitern aufgrund von Kosten erklärt wird, die für die Mitarbeiter beim Verlassen des Unternehmens entstehen.[38]

Außerdem spielt bei der Mitarbeiterbindung die Arbeitszufriedenheit eine große Rolle. Nur zufriedene Mitarbeiter sind gewillt, gute Arbeitsleistungen zu erbringen und langfristig für ein Unternehmen zu arbeiten. Wenn die Arbeitsbedingungen, die Arbeitsaufgaben oder die Kollegen bzw. Vorgesetzten einen Mitarbeiter nicht zufriedenstellen, wird dieser sich in absehbarer Zeit nach einem neuen Job umsehen und evtl. einen Unternehmenswechsel vollziehen. Bei großen Abweichungen zwischen den eigenen Erwartungen eines Mitarbeiters und der tatsächlichen Arbeitssituation ist dieser eher gewillt das Unternehmen zu verlassen. Grundsätzlich muss aber gesagt werden, dass jeder Mitarbeiter bzw. Auszubildende unterschiedlich auf Bindungsanreize der Unternehmen reagiert und somit eine pauschale Aussage über optimale Angebote nicht möglich ist.

---

[37] Vgl. Meifert, 2008, S.16.
[38] Vgl. Loffing, D. / Loffing, C., 2010, S. 52.

In der Wissenschaft gibt es verschiedene Studien zum Thema Bindung von Mitarbeitern. Die Studien nennen jeweils eine unterschiedliche Anzahl an Faktoren, die auf die Bindungswilligkeit eingehen und eine Fluktuation verhindern.

Diane Arthur nennt in ihrer Ausarbeitung 14 Gründe, die die Bindung beeinflussen.[39] Leigh Branham hingegen nennt nur sieben Faktoren.[40]

Bindungswilligkeit beschreibt in diesem Zusammenhang die Bereitschaft der Auszubildenden, ein Jobangebot im Anschluss an die Ausbildung im Unternehmen anzunehmen. Eine Übersicht über einige Einflussfaktoren auf die Bindungswilligkeit von Auszubildenden stellt die folgende Abbildung übersichtlich dar.

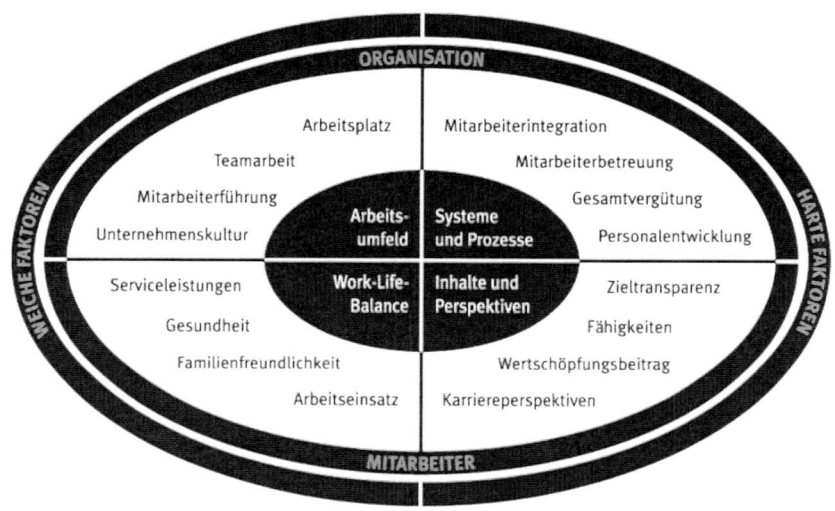

Abb. 2: Wann fühlen sich Mitarbeiter wohl?
Das Peopledynamix-Orientierungsmodell und ..[41]

---

[39] Vgl. Arthur, 2001, S. 222ff.
[40] Vgl. Branham, 2005, S. 31ff.
[41] Maier, 2007, S. 13.

5.2 Einflussmöglichkeiten auf die Bindungswilligkeit vor Ausbildungsbeginn

Unternehmen haben vor einer Ausbildung die Möglichkeit, sich die geeignetsten Bewerber für freie Ausbildungsplätze auszusuchen. Hierbei können bereits große Fehler begangen werden, die sich negativ auf die Bindungswilligkeit auswirken können. Es ist von Vorteil, die Bewerberauswahl an verschiedene Kriterien zu knüpfen, um eine hohe Bindungswahrscheinlichkeit zu erzielen. Diese Kriterien werden besonders im 8. Kapitel genauer erläutert. Außerdem kann das Unternehmen sich für potentielle Auszubildende attraktiv nach außen darstellen, damit sich diese für das Unternehmen, interessieren und bewerben. Generell gilt es für Unternehmen die Vorteile einer Ausbildung im Vergleich zu einem Studium zu kommunizieren, um gegenüber der zunehmenden Zahl an Studenten gewappnet zu sein und sich trotz alledem gute Auszubildende sichern zu können.

5.3 Einflussmöglichkeiten auf die Bindungswilligkeit während der Ausbildung

5.3.1 Allgemeines

Auf die Bindungswilligkeit von Auszubildenden während der Ausbildung wirken verschiedene Einflüsse ein. Diese Einflüsse lassen sich als immaterielle und materielle Anreize beschreiben.
Immaterielle Anreize umfassen soziale und organisatorische Aspekte des Unternehmens.
Die Themen monetäre und nicht monetäre Anreize werden unter den materiellen Anreizen zusammengefasst.
Diese Ansätze werden im Folgenden weiter erläutert und zeigen die Vielfalt an Einflussmöglichkeiten für Unternehmen auf, um die Bindungswilligkeit von Auszubildenden positiv zu beeinflussen.

5.3.2 Immaterielle Anreize

Als ein Beispiel für einen immateriellen Anreiz kann unter dem Oberbegriff sozialer Anreiz die *Partizipation* genannt werden. Auszubildende, die während der Ausbildung in verschiedene Entscheidungsprozesse einbezogen werden, haben eher das Gefühl einer Zusammengehörigkeit zum Unternehmen und fühlen sich ernst genommen.[42]

Während der Ausbildung kann durch *Anerkennung* von Seiten der Führungskräfte oder der Mitarbeiter den Auszubildenden ein positives Gefühl vermittelt werden, dass die erbrachten Arbeitsleistungen für das Unternehmen von Wichtigkeit sind. Es soll deutlich werden, dass die Auszubildenden im Arbeitsprozess für das Erfüllen von Arbeitsschritten benötigt werden.
Auch eine nochmalige Belobigung von besonders guten Arbeitsleistungen fördert die Motivation der Auszubildenden und kann zu einer höheren Bindungsbereitschaft beitragen.[43]

Der Vorgesetzte hat mit seinem Verhalten und seiner Persönlichkeit einen entscheidenden Anteil am Verhalten des Auszubildenden. Durch das Vorleben von Werten und einem *guten Führungsstil* kann das Bindungsverhalten von Auszubildenden teilweise positiv beeinflusst werden.
Denn wer einen gut führenden Vorgesetzten während der Ausbildung kennengelernt hat, der würde diesen als spätere Führungskraft ebenfalls akzeptieren und unter diesem arbeiten wollen.

Auszubildende sollten während der Ausbildung einen weitreichenden Informationszugang erhalten. Die *interne Kommunikation* darf für die Auszubildenden nicht zu kurz kommen.
Das Bekanntgeben von Informationen von Führungskräften oder Mitarbeitern sollte immer auch die Auszubildenden mit einschließen, damit diese sich über die aktuelle Unternehmenssituation ein Bild machen können. Besonders eine gute wirtschaftliche Situation sollte den Auszubildenden mitgeteilt werden, damit diese von den guten Unternehmensaussichten für eine Übernahme begeistert werden.

---

[42] Vgl. Zaugg, 2009, S. 332.
[43] Vgl. Jost, 2008, S. 505.

Der *Work-Life-Balance* Ansatz ist dem Bereich der organisatorischen Anreize zuzuordnen und wird in vielen Unternehmen angewendet. Hierbei wird versucht, den Mitarbeiter durch verschiedene Wohlfühlfaktoren zu beeinflussen, damit dieser dem Unternehmen positiver gegenübersteht.[44] Die Kombination aus Familie und Beruf wird in vielen Unternehmen durch verschiedene Arbeitszeitmodelle versucht zu verbessern. Denn in der heutigen Gesellschaft ist die Familienfreundlichkeit von Unternehmen bei der Wahl des Arbeitgebers von besonderer Bedeutung.[45]

Wie bereits bei der Work-Life-Balance als Oberbegriff angesprochen, spielt das *Arbeitszeitsystem* in einem Unternehmen eine große Rolle bei der Zufriedenheit und Bindungswilligkeit von Mitarbeitern. Besonders das Thema Gleitzeit mit oder ohne Kernzeiten verfügt über eine große Beliebtheit und kann Auszubildende u. a. wegen der Flexibilität bei ihrer Arbeitgeberwahl positiv beeinflussen.

Ein weiterer wichtiger Aspekt zur Bindung von jungen Menschen an ein Unternehmen ist das Aufzeigen von *Aufstiegs- und Karrieremöglichkeiten*. Zum Ende einer jeden Ausbildung muss deutlich gemacht werden, welche Optionen der Auszubildende im Unternehmen hat. Die Personalabteilung kann in diesem Fall mit mehreren Gesprächen auf den Auszubildenden eingehen und Informationen aus den Fachabteilungen weitergeben, damit dieser sich selbst ein Bild machen und über verschiedene Angebote nachdenken kann. Ziel sollte es immer sein, dem Auszubildenden genau zu vermitteln, dass es wichtig ist, im Unternehmen zu verbleiben und dass gute berufliche Chancen auf ihn warten.

Zum gerade erläuterten Punkt der Aufstiegs- und Karrieremöglichkeiten kann noch die *Aus- und Weiterbildung* ergänzt werden. Dem Auszubildenden kann nach der Ausbildung eine zusätzliche Ausbildung in Form eines dualen Studiums oder weitere Qualifikationsmöglichkeiten in Form von Weiterbildungsmaßnahmen angeboten

---

[44] Vgl. Schelenz, 2007, S. 64.
[45] Vgl. Rolle, 2012, S. 1f.

werden, um weiteren Einfluss auf die Bindungswilligkeit von Auszubildenden auszuüben. Durch diese aufgezeigten Möglichkeiten wird den Auszubildenden deutlich gemacht, dass das Unternehmen an dessen Entwicklung interessiert ist und bringt diesen gleichzeitig eine Form der Wertschätzung entgegen.

Als besonderer Einfluss von Unternehmensseite auf die Bindungswilligkeit von Auszubildenden fungiert das _Paten- bzw. Mentorenkonzept_. Hierbei wird einem Auszubildenden bereits während der Ausbildung ein meist älterer Mitarbeiter als Mentor zur Seite gestellt. Dieser wird zum Ende der Ausbildungszeit des Auszubildenden oder etwas später das Unternehmen verlassen. Der dann frei werdende Arbeitsplatz soll anschließend durch den Auszubildenden wieder besetzt werden. In der Arbeitszeit von Mentor und Auszubildendem soll versucht werden, diesem verschiedene Fähigkeiten und Fertigkeiten sowie fachliche Inhalte zu vermitteln und anzueignen. Durch das dauerhafte Miteinander zwischen Auszubildendem und dem Mentor kann eine emotionale Bindung entstehen, die sich auf den Arbeitsplatz übertragen lässt, wodurch der Auszubildende eher gewillt ist, sich an das Unternehmen zu binden.

Auch der _Gesundheitsaspekt_ kann bei der Einflussnahme der Unternehmen auf die Bindungswilligkeit ihrer Auszubildenden eine Rolle spielen.[46] So kann beispielsweise durch ein eigenes Fitnessstudio im Unternehmen oder Massagen am Arbeitsplatz das Wohlbefinden und das Gesundheitsbewusstsein der Mitarbeiter gesteigert werden. Beides kann zu einer höheren Arbeitszufriedenheit führen und das Bindungsverhalten positiv beeinflussen.
Zusätzlich zu diesem Bindungsaspekt generiert sich das Unternehmen gesündere und produktivere Mitarbeiter und kann oftmals die Ausfallzeiten und damit verbundene Kosten reduzieren.

---
[46] Vgl. Liebhart, 2009, S. 67.

5.3.3 Materielle Anreize

Monetäre Anreize bieten einen eher kurzfristigen Anreiz, um in verschiedenen Phasen Motivationsschübe zu realisieren. Dies kann die Bindungswilligkeit des Auszubildenden besonders kurz vor Ende der Ausbildung positiv beeinflussen. So können Arbeitnehmerdarlehen bei Übernahme oder Vergünstigungen bei Einkäufen oder Eintrittskarten als Mitarbeiter einen Auszubildenden positiv beeinflussen. Auch Mitarbeiterbeteiligungen am Unternehmenserfolg sind für eine langfristige Bindung an das Unternehmen von Bedeutung. Durch die Zahlung einer leistungsbezogenen Prämie wird dem Mitarbeiter suggeriert, dass das Unternehmen erfolgreich ist und der eigene Arbeitsplatz sicher sei. Somit besteht kaum ein Grund, sich über einen anderen Arbeitgeber zu informieren. Als Erweiterung dieser leistungs-bezogenen Variante ist ein leistungs- und mitarbeiterbezogenes Vergütungssystem zu nennen. Hierbei werden mit Zielvereinbarungen bestimmte zu erreichende Ziele festgelegt, die bei Erreichung zu einer Prämienzahlung an den Mitarbeiter führen.

Nicht monetäre Anreize, wie z. B. Statussymbole, können einen zusätzlichen Anreiz für den Mitarbeiter darstellen, um im Unternehmen zu verbleiben. Durch die Nutzung von Gegenständen, wie z. B. eines Dienstwagens oder eines Diensthandys zur privaten Nutzung, wird dem Mitarbeiter täglich gezeigt, dass dieser wertgeschätzt wird und für das Unternehmen von Bedeutung ist. Das eigene Gefühl im Unternehmen gut integriert zu sein, bestärkt die Bindungswilligkeit und kann zu einer langfristigen Partnerschaft zwischen Auszubildenden und dem Unternehmen führen.

5.4 Einflussmöglichkeiten auf die Bindungswilligkeit nach der Ausbildung

Der kontinuierliche Verbesserungsprozess (KVP), bei dem Mitarbeiter Verbesserungsvorschläge für unternehmensinterne Sachverhalte einreichen, kann auch auf die Ausbildung übertragen werden. Auszubildende können nach Ende ihrer Ausbildung dem Unternehmen helfen, Verbesserungen aufzuzeigen und somit die Bindungswilligkeit von neuen Auszubildenden evtl. steigern. Besonders die Befragung von Auszubildenden, die das Unternehmen verlassen, ist von Bedeutung, da dadurch evtl. Ansätze ermittelt werden können, die dazu beitragen, dass dies zukünftig seltener geschieht und das Unternehmen eigene Auszubildende als neue Fachkräfte im Unternehmen besser integrieren können.

6 Untersuchung der Bindungswilligkeit von Auszubildenden an ihren Ausbildungsbetrieb

6.1 Befragung

Die Datenerhebung für die Analyse der Bindungswilligkeit von Auszubildenden wurde in Form einer schriftlichen Befragung durchgeführt. Als Instrument wurde ein Fragebogen gewählt, bei dem die Auszubildenden Bewertungen zu verschiedenen Fragen und Themenbereichen abgeben sollten. Die Befragung wurde in Berufsschulklassen durchgeführt, um freiwillige und komplett anonymisierte Daten zu erhalten, die nicht von Unternehmensseite aus bewertet bzw. eingesehen werden können.

Es wurde eine vor Ort durchgeführte Befragung mittels Fragebogen an Stelle einer Online-Befragung gewählt, da die Teilnahmebereitschaft von Auszubildenden an einer freiwilligen Online-Befragung ohne weitere Anreize als geringer erschien. In Berufsschulen führt eine extern durchgeführte Befragung zu einer Abwechslung im Schulalltag und somit zu einer gern angenommenen und daher höheren Beteiligung der Auszubildenden.

Zwar bietet eine Online-Befragung die Chance auf eine deutschlandweite Befragung mit einer potentiell höheren Rückläuferzahl und einer schnelleren technischen Auswertung, dennoch wurde aufgrund der Unklarheit über die Anzahl an rückläufigen Ergebnissen und den zur Erstellung verbundenen Kosten diese Form nicht gewählt.

6.2 Aufbau des Fragebogens

Anhand des Fragebogens und dessen Fragen aus verschiedenen Themenbereichen wurden wichtige Informationen über die Bindungswilligkeit von Auszubildenden gesammelt, um aus diesen Rückschlüsse auf eine größere Einflussmöglichkeit der Unternehmen auf ihre Auszubildenden ziehen zu können. Der Fragebogen wurde auf einer DIN A4 Seite doppelseitig erstellt und in fünf Teilbereiche unterteilt. Durch einen allgemein gehaltenen Titel der Befragung ("Fragebogen im Rahmen einer Untersuchung zum Thema Ausbildung") sollte keine Beeinflussung der Auszubildenden zum Thema Bindungswilligkeit ausgeübt werden. Unbewusst hätte sonst evtl. eine generelle Antworttendenz verstärkt auftreten können, wenn das genauere Thema der Bindungswilligkeit im Titel enthalten gewesen wäre. Zwischen dem ersten Teil, den demographischen Fragen und den folgenden Inhaltsfragen wurde eine Trennlinie eingefügt, um eine Abgrenzung zwischen persönlichen und Inhaltsangaben zu schaffen. Zusätzliche Informationen zur Beantwortung und zu Mehrfachnennungen wurden bewusst weggelassen, da dies durch die gegebenen anzukreuzenden Antwortmöglichkeiten ausgeschlossen werden konnte. Als ergänzender Hinweis zum Ausfüllen des Fragebogens, wurde für die Berufsschullehrer ein Informationsblatt beigefügt. So sollten die Auszubildenden bei unklaren Fragen darauf hingewiesen werden, betreffende Fragen offen zu lassen. Die Antwortspalte Enthaltung bot den Auszubildenden die Möglichkeit, bei inhaltlichen Fragen keine Antwort abgeben zu müssen. Da die Befragung Tendenzaussagen erzielen sollte, wurde eine 6er-Bewertungsskala mit Enthaltung gewählt, damit die Auszubildenden eine Aussage abgeben mussten bzw. sich enthalten konnten. Um die Übersichtlichkeit und eine verbesserte statistische Auswertungsmöglichkeit zu erzielen, wurde im gesamten Inhaltsteil diese Antwortskala verwendet.

Die Richtung der Skala ist von rechts nach links angelegt, so dass die positiven Antwortmöglichkeiten links und negative rechts zu finden sind. Es handelt sich um eine eindimensionale Skala. Die Antwortdimensionen umfassten als Zustimmung und Ablehnung geschlossener Fragen "trifft voll und ganz zu" bis hin zu "trifft überhaupt nicht zu".[47] Außerdem existierten für verschiedene Fragen die Antwortmöglichkeiten von "sehr positiv" bis "sehr negativ", von "sehr attraktiv" bis "sehr unattraktiv" und von "sehr sicher" bis "sehr unsicher". Des Weiteren wurden offene Fragen mit freien Antwortmöglichkeiten mit "Sonstiges" gewählt, damit wie z. B. bei der Altersangabe der Aufwand gering gehalten wird, anstatt jede mögliche Altersangabe zum Ankreuzen anzugeben.[48]

Das verwendete Skalenniveau ist bei den Inhaltsfragen ordinal, bei den Fragen nach Geschlecht nominal und bei der Altersangabe metrisch skaliert.

Nach Fertigstellung des Layouts wurde ein Fragenkatalog ausgearbeitet. Aus diesem wurden anschließend die einzelnen Fragen in gemischter Reihenfolge zusammengefasst, um die Auszubildenden nicht mit Fragenkategorien zu einem speziellen Thema unbewusst zu beeinflussen. Der Fragebogen startet mit der Abfrage von acht persönlichen demographischen Daten, um die Befragten zu aktivieren und um eine spätere Auswertungsgrundlage zu schaffen.[49]

Anschließend folgten 28 inhaltsbezogene Fragen im Zusammenhang mit dem Thema Mitarbeiterbindung. Die erste Frage befasste sich mit dem Thema Atmosphäre im Unternehmen und sollte den Auszubildenden den Einstieg in die Fragebogentechnik erleichtern, da diese Frage von nahezu allen Auszubildenden beantwortet werden konnte. Die Fragen wurden ausschließlich neutral und ohne Fachbegriffe formuliert, damit keine unbewusste positive bzw. negative Bewertung und Beeinflussung des Befragten erzielt wurde.

Wichtig bei der Formulierung einer Frage war besonders deren Länge, da sich sonst die Aufmerksamkeit der Auszubildenden von der Frage hätte abwenden können. Aber auch eine präzise und aussagekräftige Formulierung der Frage war zu beachten.[50]

---

[47] Vgl. Kirchhoff / Kuhnt / Lipp / Schlawin, 2010, S. 20.
[48] Vgl. Kirchhoff / Kuhnt / Lipp / Schlawin, 2010, S. 20f.
[49] Vgl. Kirchhoff / Kuhnt / Lipp / Schlawin, 2010, S. 20.
[50] Vgl. Porst, 2009, S. 99f.

Die Fragen des Fragebogens wurden u.a. mithilfe der Zwei-Faktoren-Theorie von Frederick Herzberg erstellt.

Die Themen Arbeitsbedingungen, Arbeitsplatzsicherheit, Führungsverhalten, finanzielle Aspekte und Unternehmenspolitik stellen u. a. die zu überprüfenden Bereiche der Hygienefaktoren dar.

Arbeitsinhalte, Interesse für Unternehmensentscheidungen, Feedback von Führungskräften sowie die Selbstverwirklichung und Identifikation mit dem Leitbild des Unternehmens umfassen u. a. die Motivatoren der Zwei-Faktoren-Theorie.

Aus den Fragen zu diesen Bereichen sollen die folgenden Thesen überprüft und die Ergebnisse analysiert werden, um daraus Optimierungsmöglichkeiten zur Steigerung der Bindungswilligkeit von Auszubildenden für Unternehmen herzuleiten.

- These Nr. 1: Finanzielle Anreize fördern die Bindungswilligkeit
- These Nr. 2: Frühzeitiges Ansprechen fördert die Bindungschancen
- These Nr. 3: Es besteht ein negativer Einfluss von akademisch gebildeten Elternteilen auf die Bindungswilligkeit
- These Nr. 4: Abiturienten sind für eine Ausbildung ungeeignet
- These Nr. 5: Die Familienplanung hat Einfluss auf die Bindungswilligkeit

Durch die Angaben der Auszubildenden sollen verschiedene Motive und die dazugehörige intrinsische und extrinsische Motivation offen gelegt werden.[51] Beim Aufbau des Fragebogens müssen ebenfalls noch verschiedene Effekte beachtet werden. So z. B. der Primacy-Effekt, bei dem durch die erste Frage zur Unternehmensatmosphäre ein Eindruck entwickelt wird, der den Auszubildenden während der Beantwortung dominant beeinflussen kann.[52] Aber auch der Halo-Effekt darf nicht außer Acht gelassen werden, bei dem von einer Urteilsdimension auf eine andere geschlossen wird und somit die Beantwortung beeinflusst werden kann.[53]

---

[51] Vgl. Kirchhoff / Kuhnt / Lipp / Schlawin, 2010, S. 20.
[52] Vgl. Falkenau, 2013, S. 37.
[53] Vgl. Drude, 2008, S. 10.

6.3 Pretest

Nach Fertigstellung des Fragebogens lieferten ein Pretest und eine Feedbackrunde unter 25 kaufmännischen Auszubildenden u. a. Aufschluss über Verständlichkeit und Übersichtlichkeit des Fragebogens. Aus diesen Ergebnissen wurde eine optimierte Version des Fragebogens erstellt, damit die Datenqualität bei der Erhebung verbessert werden konnte.

Doppelte Fragen, die als Kontrollfragen fungieren sollten, wurden von den Auszubildenden bewusst nicht erneut bearbeitet.

Somit war die Kontrollfunktion nicht gegeben und die Fragen mussten abgewandelt werden. Zusätzlich waren Fragen, wie z. B. die zur Tätigkeit vor der Ausbildung, nicht exakt ausformuliert, so dass dies zu Missverständnissen unter den Auszubildenden führte. Diese Fragen wurden von vielen Auszubildenden mehrfach beantwortet. Aus diesem Grund wurde die Frage zu "Letzte Tätigkeit vor der Ausbildung" umgewandelt, damit nur eine Aussage getroffen werden konnte.

Außerdem wurde noch eine Anpassung des Layouts durchgeführt, da von den Befragten der Fragbogen als teilweise unübersichtlich bewertet wurde.

6.4 Datenerhebung

Das Ziel dieser Erhebung sollte es sein, Ansatzpunkte für Unternehmen zu finden, um die Bindungswilligkeit ihrer Auszubildenden zu erhöhen.

Die Datenerhebung für die Analyse der Bindungswilligkeit von Auszubildenden erfolgte an verschiedenen Berufsschulen in Nordrhein-Westfalen und Niedersachsen. Die Auswahl der Schulen richtete sich nach den angebotenen schulischen Teilen der verschiedenen Ausbildungsgänge. Hierbei standen die kaufmännischen Ausbildungsgänge, Industriekaufmann, Bankkaufmann und Versicherungskaufmann im Vordergrund.

Nachdem die jeweilige Schulleitung der Berufsschulen eine positive bzw. negative Rückmeldung zum Interesse an der Befragung mitgeteilt hatte, konnten bei interessierten Berufsschulen anschließend weitere Gespräche zum Ablauf der Befragung durchgeführt werden. Die Befragung wurde teilweise vom Autor persönlich und teilweise von den Klassenlehrern im laufenden Unterricht anonymisiert im Klassenverband durchgeführt. So war gewährleistet, dass die Auszubildenden ehrlich und unbeeinflusst antworten konnten, ohne Folgen von Seiten ihres Unternehmens befürchten zu müsse. Ein Informationsschreiben für die Klassenlehrer enthielt alle wichtigen Informationen zu der Befragung und dass diese nach Absprache mit der Schulleitung genehmigt wurde. Vor Beginn der Befragung in den jeweiligen Klassen sollte der Bearbeitungshinweis an die Auszubildenden weitergegeben werden. Bei Unklarheiten zu einer Frage sollte diese nicht beantwortet werden und Enthaltung war anzukreuzen, wenn Auszubildende eine Frage nicht beantworten wollten. Die erhobenen Daten wurden beim jeweiligen Sekretariat der Schulen abgegeben und anschließend zur Auswertung gesammelt abgeholt.

6.5 Ergebnisse

Dieses Kapitel behandelt die deskriptive Statistik der Datenerhebung und zeigt allgemeine Informationen auf. Die detailliertere Analyse und Auswertung der Daten folgt im nächsten Kapitel.

Mit den erhobenen Daten sollen verschiedene Aspekte rund um das Thema Bindungswilligkeit von Auszubildenden überprüft werden und aufzeigen, welche Optimierungsmöglichkeiten Unternehmen bei der Betreuung ihrer Auszubildenden haben, um die Bindungswilligkeit zu steigern.

Aus diesem Grund wurde in mehreren Berufsschulen eine Umfrage unter 566 Auszubildenden durchgeführt, die genau diese Themenstellung beinhaltet. Unterschiedliche Ausbildungsabschlüsse und verschiedene Ausbildungsjahrgänge zählten zu den Befragten. Die Befragung fand im Klassenverband in anonymisierter Weise statt, um so gleiche Bedingungen für alle Teilnehmer der Untersuchung gewährleistet zu haben.

Zur Erleichterung der Auswertung der Daten wurden bei der Datenerfassung die Antworten kodiert eingegeben, sodass die erste Antwortmöglichkeit mit einer eins startete und die weiteren Antwortmöglichkeiten fortlaufend durchnummeriert waren.

Die Struktur der Umfrageteilnehmer kann wie folgt dargestellt werden:

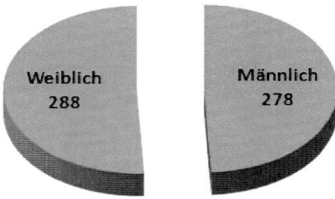

Abb. 3: Geschlechterstruktur der Umfrageteilnehmer

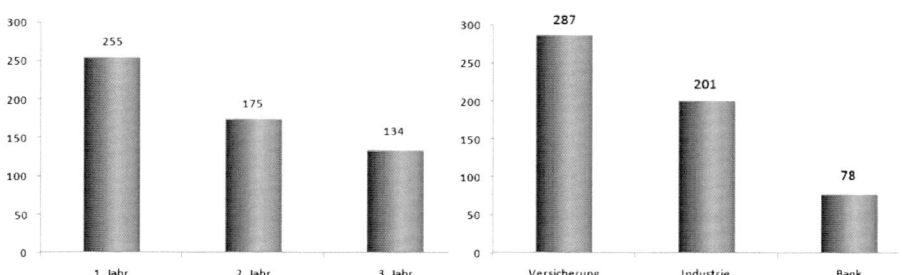

Abb. 4: Lehrjahrstruktur der Umfrageteilnehmer

Abb. 5: Branchenstruktur der Umfrageteilnehmer

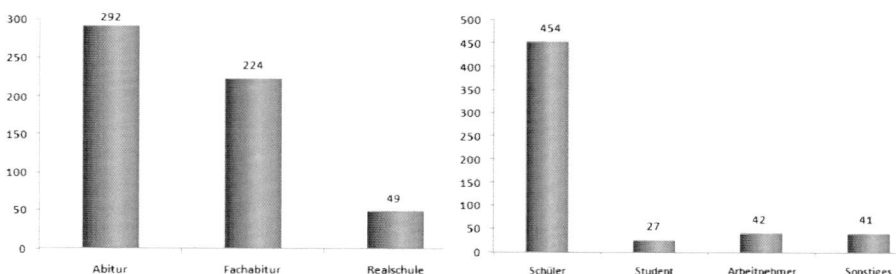

Abb. 6: Schulabschlussstruktur der Umfrageteilnehmer

Abb. 7: Tätigkeit der Umfrageteilnehmer vor Ausbildungsbeginn

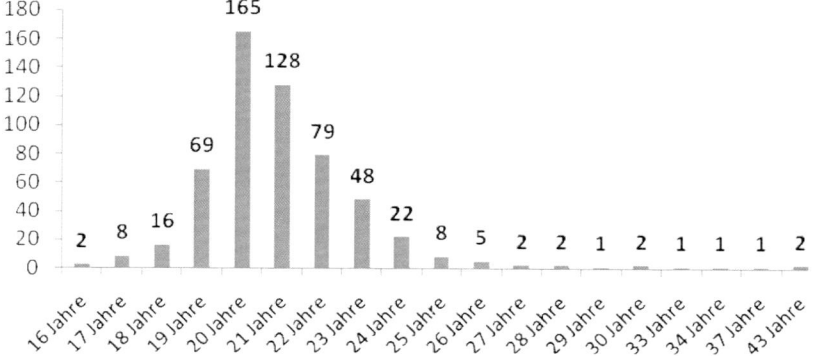

Abb. 8: Altersstruktur der Umfrageteilnehmer

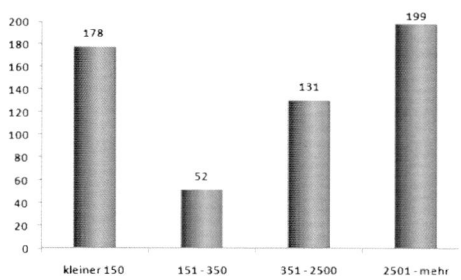
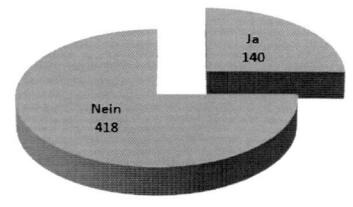

Abb. 9: Unternehmensgrößenstruktur der Umfrageteilneher

Abb. 10: Umfrageteilnehmerstruktur mit akademisch gebildetem Elternteil

Zusätzlich zu den aufgezeigten Eigenschaften der Umfrageteilnehmer wurden teilweise ein paar widersprechende Antworten festgestellt, was zum einen mit einer geringen Motivation an der Teilnahme und einem fehlenden Anreiz aber evtl. auch mit einer nicht für jeden verständlichen Frageformulierung zu tun haben könnte. Dies könnte ebenfalls Grund für die Anzahl an fehlenden Antworten oder Enthaltungen sein. Insgesamt betrug die Quote fehlender klarer Aussagen 0,68 % aller abgegebenen Antworten.

7 Auswertung der Untersuchungsergebnisse

7.1 Allgemeines

Dieses Kapitel befasst sich mit der Auswertung der Umfrageergebnisse und überprüft u. a. die aufgestellten Hypothesen aus dem 6. Kapitel. Die Auswertungsergebnisse zeigen Tendenzen der befragten Auszubildenden auf und sollen versuchen, Zusammenhänge mit der Bindungswilligkeit darzustellen. Ziel soll es mithilfe dieser Auswertung sein, Möglichkeiten aufzuzeigen, die dazu beitragen die Bindungswilligkeit von Auszubildenden an ihr Unternehmen zu steigern. Die Analyse zeigt auf, welche Faktoren einen großen Einfluss auf die Bindungswilligkeit der Auszubildenden haben.

7.2 Wichtigste Einflussfaktoren auf die Bindungswilligkeit von Auszubildenden

Hierbei werden fünf große Einflussfaktoren deutlich. Diese Einflussfaktoren wurden durch das Gegenüberstellen mit der Frage nach einer möglichen Jobannahme ermittelt. Viele der Auszubildenden haben die jeweils einzelnen Fragen in Kombination mit dieser Frage ebenfalls eher positiv beantwortet. Es zeigen sich folgende nach Wichtigkeit absteigende Resultate:

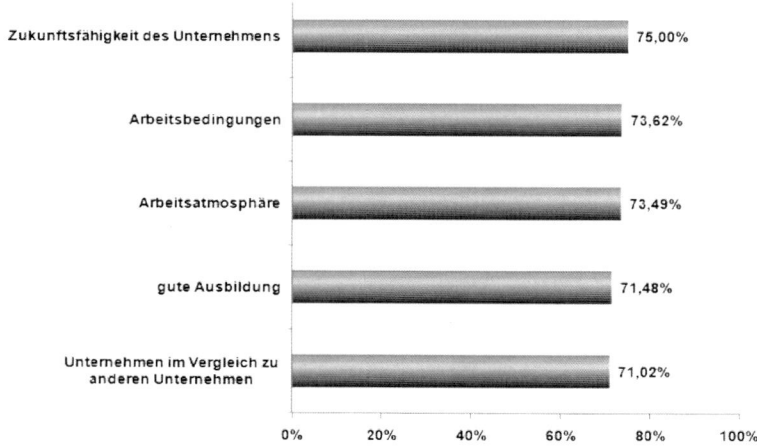

Abb. 11: Genannte Einflussfaktoren der befragten Auszubildenden auf die Bindungswilligkeit (>70%)

Wichtigster Faktor für die Bindungswilligkeit stellt die Zukunftsfähigkeit des Unternehmens dar. Ergänzend kann angeführt werden, dass 90,20 % aller Auszubildenden, die ihr Unternehmen eher für zukunftsfähig halten, auch ihre Wahl für eine Ausbildung eher positiv finden.

7.3 Veränderung in der Unternehmensbewertung der Auszubildenden vom 1. zum 3. Lehrjahr

Bei der Gegenüberstellung der Mittelwerte der Antworten aller Auszubildenden im Vergleich zu den der einzelnen Lehrjahre wird sehr deutlich, dass die Auszubildenden im dritten Lehrjahr unzufriedener sind als Auszubildende im ersten Lehrjahr. Wenn der Mittelwert aller Auszubildenden z. B. bei der Frage zur Bewertung des Unternehmens bei drei (eher attraktiv) und der des ersten Lehrjahres bei zwei (attraktiv) liegt, bedeutet dies, dass das erste Lehrjahr das Unternehmen positiver sieht und somit eine positivere Auswirkung, wie z. B. durch höhere Zufriedenheit, auf das Unternehmen erzielt wird. Bereits im zweiten Lehrjahr kann ein enormer Rückgang der Bewertung der Auszubildenden verzeichnet werden. Im ersten Lehrjahr sind 26 der 28 möglichen Antworten im Vergleich zum Durchschnitt positiver für das Unternehmen beantwortet worden. Die neuen Auszubildenden sind evtl. noch mit vollem Elan und Spaß bei der Sache und lassen sich evtl. von einigen positiven Dingen beeinflussen. Unternehmen scheinen hier gute Arbeit bei der Eingliederung der Auszubildenden zu leisten. Das zweite Lehrjahr hingegen verzeichnet bei diesem Vergleich nur noch fünf Antworten mit positiverer Unternehmensauswirkung als der Durchschnitt. Im dritten Lehrjahr liegt dieser Wert nur noch bei vier. Zusätzlich kann die steigende Korrelation zwischen einer Perspektive und der Annahme eines Jobangebotes im Unternehmen vom 1. zum 3. Lehrjahr genannt werden.

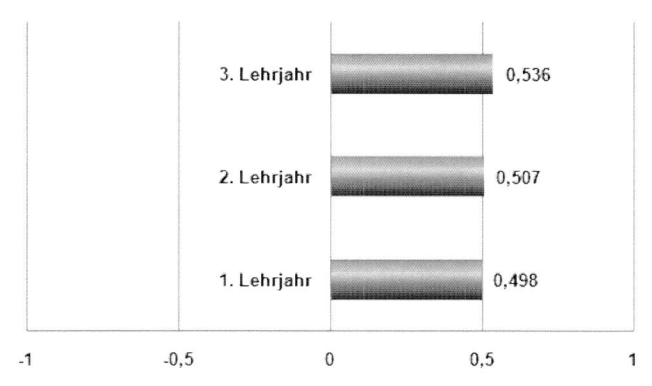

Abb. 12: Korrelation der einzelnen Lehrjahre zwischen Perspektive und einer möglichen Jobannahme im Unternehmen

Somit wird deutlich, dass die Auszubildenden besonders im 3. Lehrjahr u. a. eine bessere Betreuung erhalten und Perspektiven im Unternehmen aufgezeigt bekommen sollten, damit diese eher ein Jobangebot im Unternehmen annehmen.

7.4 Geeignete personenbezogene Eigenschaften von Bewerbern

Die Analyse der personenbezogenen Eigenschaften von Bewerbern zeigt bei der Betrachtung der Geschlechter anhand der Mittelwertanalyse einen leichten Vorteil für männliche Kandidaten auf. Mit 15 von 28 möglichen positiveren Antworten im Vergleich zum Gesamtdurchschnitt aller Auszubildenden, schneiden diese gegenüber den weiblichen Teilnehmern mit 13 von 28 möglichen positiveren Antworten im Vergleich zum Gesamtdurchschnitt aller Auszubildenden, etwas besser ab.

Bei der Analyse der letzten Tätigkeit vor der Ausbildung hat sich gezeigt, dass hierbei Schüler am besten für Unternehmen geeignet sind. Die Mittelwertanalyse macht deutlich, dass diese mit 21 von 28 positiveren Antworten für das Unternehmen im Vergleich zum Durchschnitt geeigneter sind als z. B. vorherige Arbeitnehmer. Schüler sind noch unerfahren und freuen sich u. a. über das erste Gehalt oder die praktische Arbeit. Dadurch kann eine engere Beziehung zur Arbeit und zum Unternehmen entstehen, was wiederum auch für die Arbeitgeber von Vorteil sein kann.

Am ungeeignetsten für Ausbildungsbetriebe sind Bewerber, die eine studentische Vorgeschichte haben. Anhand der Mittelwertanalyse werden von dieser Gruppe nur zwei Antworten positiver für das Unternehmen als der Durchschnitt bewertet. Studenten können mit ihren bereits gesammelten theoretischen Erfahrungen kritischer bei der Bewertung sein als andere Befragte. Dies kann zum einen damit zu tun haben, dass ehemalige Studenten bei einer Ausbildung nicht ausreichend gefordert werden und zum anderen, dass eine generelle Unzufriedenheit in Bezug auf die Ausbildung herrscht. Die Frage nach einer ausreichenden Qualifikation durch die Ausbildung für die spätere Berufswelt in Kombination mit einer Jobannahme im Unternehmen beantworteten nur 40,74 % der Auszubildenden mit studentischem Hintergrund positiv. Dies zeigt, dass fast 60 % dieser Untergruppe, die einen Job im jeweiligen Ausbildungsbetrieb annehmen würden, sich nicht ausreichend qualifiziert sehen und hier großer Nachholbedarf für die Unternehmen besteht, um eine spätere Abwanderung zu verhindern. Außerdem sind nur 59,26 % der Auszubildende mit studentischem Hintergrund grundsätzlich bereit einen Job im ausbildenden Unternehmen anzunehmen.

Wichtiger Auswahlfaktor bei Auszubildenden stellt zusätzlich das Alter dar. Bei der Auswertung der Befragung nach dem Alter zeigt sich nämlich, dass junge Auszubildende im Alter von 16 bis 20 Jahren für Unternehmen von größerem Vorteil sind. Am besten schneiden Auszubildende im Alter von 20 Jahren ab. In der Mittelwertanalyse dieser Altersgruppe haben die Auszubildenden 25 der 28 Fragen positiver als der Durchschnitt beantwortet.

7.5 Branchen- und Unternehmensgrößenvergleich

Ein weiterer Aspekt bei der Untersuchung der Befragungsergebnisse ist die Analyse nach Branchen. Hierbei wird deutlich, dass die Versicherungsbranche am besten abgeschnitten hat. Mit 20 für die Unternehmen positiv beantworteten Fragen im Vergleich zum Mittelwert aller Auszubildenden von insgesamt 28 Fragen steht die Versicherungsbranche im Vergleich zu 15 positiv beantworteten Fragen der Bankenbranche und sechs positiv beantworteten Fragen im Vergleich zum Mittelwert bei der Industriebranche an erster Stelle. Somit wird die Situation in der Versicherungsbranche von Seiten der Auszubildenden im Vergleich zu den beiden anderen Branchen besser eingeschätzt. Anhand dieser Ergebnisse sollte anzunehmen sein, dass auch die Bindungswilligkeit hier im Vergleich zu den anderen beiden Branchen am höchsten ist. Bemerkenswerter Weise ist dies aber nicht der Fall, da der Mittelwert bei der Frage nach der Annahme eines Jobangebotes bei der Versicherungsbranche 2,8, bei der Industriebranche 2,51 und bei der Bankbranche 2,35 beträgt. Durch die niedrigeren Mittelwerte der beiden anderen Branchen wird deutlich, dass noch weitere Faktoren auf die Bindungswilligkeit von Auszubildenden an ihren Ausbildungsbetrieb einwirken, die nicht über den Fragebogen abgefragt wurden.

Die Betrachtung der Unternehmensgröße sollte eigentlich bestätigen, dass in kleineren Unternehmen die Betreuung sehr gut ist und die

Auszubildenden die Unternehmen am besten einschätzen bzw. am zufriedensten sind. Dies ist aber nicht der Fall. Auszubildende aus Großunternehmen über 2.500 Mitarbeitern haben 23 der 28 Fragen positiver als der Durchschnitt beantwortet. Die Ergebnisse der Auszubildenden aus Unternehmen mit 151-350 bzw. mit weniger als 150 Mitarbeitern waren mit vier bzw. fünf besseren Antworten zum Durchschnitt deutlich schlechter.

7.6 Unternehmensseitige Wertschätzung der Auszubildenden

7.6.1 Führungskräfte und Arbeitsinhalte

Die Wertschätzung der Auszubildenden von Seiten der Unternehmen sollte verbessert werden, damit Auszubildende langfristig im Unternehmen verbleiben. Nur 66,85 % der Auszubildenden, die eher ein Jobangebot des ausbildenden Unternehmens annehmen würden, finden die Arbeitsinhalte ebenfalls als eher annehmbar. Bei der Frage nach ausreichendem Feedback von den Führungskräften in Kombination mit der Frage zu einer Jobannahme stimmten nur 65,95 % der Auszubildenden jeweils eher positiv ab.

7.6.2 Einfluss von finanziellen Anreizen

Nur 62,72 % aller Auszubildenden, die eher ein Jobangebot des ausbildenden Unternehmens annehmen wollen, sind mit den weiteren finanziellen Leistungsanreizen neben der normalen monatlichen Entlohnung zufrieden. Dieselbe Frage in Bezug auf das Einstiegsgehalt beantworten nur 50 % der Auszubildenden als eher attraktiv. Dies und die im vorangegangenen Punkt aufgezeigten Ergebnisse sprechen eher für eine mögliche kurze Verweildauer des Auszubildenden nach Beendigung der Ausbildung im Unternehmen. Anpassungen in diesen Bereichen könnten vom Unternehmen dazu führen, evtl. mehr Auszubildende bzw. Auszubildende länger an das Unternehmen binden zu können.

7.6.3 Einfluss eines frühzeitigen Ansprechens

Von den Auszubildenden aus dem dritten Lehrjahr haben sich bereits 43,61 % über Jobangebote bei anderen Unternehmen informiert. Dies und das Interesse an einem späteren Unternehmenswechsel von 55,30 % aller Auszubildenden aus dem dritten Lehrjahr zeigt deutliche Anzeichen einer Wechselbereitschaft der Auszubildenden. Rund 16 % dieser Auszubildenden haben außerdem bereits bei einem anderen Unternehmen einen Job in Aussicht. Ergänzend dazu müssen noch die 46,97 % der Auszubildenden aus dem dritten Lehrjahr genannt werden, die nach der Ausbildung ein Studium beginnen wollen. Somit bleiben nur 41,86 % der Auszubildenden aus dem dritten Lehrjahr, die nicht studieren wollen oder ein Job bei einem anderen Unternehmen in Aussicht haben, für das eigene Unternehmen als mögliche neue Fachkräfte übrig.

7.7 Einfluss von akademisch gebildeten Elternteilen

Eine weitere wichtige Erkenntnis ist, dass Auszubildende, von denen mindestens ein Elternteil studiert hat, bei dieser Untersuchung Nachteile für das Unternehmen als Auszubildende mit sich bringen. Bei der Analyse der Mittelwerte haben Auszubildende mit mindestens einem akademisch gebildeten Elternteil nur zwei für das Unternehmen positivere Punkte im Vergleich zum Durchschnitt aller Auszubildenden erzielt. Auszubildende ohne akademisch gebildeten Elternteil hingegen schneiden bei 25 von 28 Möglichkeiten besser für das Unternehmen ab als der Durchschnitt. Die Frage nach der Jobannahme im Ausbildungsbetrieb haben Auszubildende ohne akademisch gebildete Eltern für das Unternehmen etwas positiver beantwortet und erzielten einen um 0,2 Punkte besseren Mittelwert als Auszubildende mit einem akademisch gebildeten Elternteil. Auch die Betrachtung nach der Jobannahme der Auszubildenden und der Frage nach einem akademisch gebildeten Elternteil zeigt auf, dass 77,78 % der Auszubildenden ohne akademisch gebildeten Elternteil und nur 70,71 % der Auszubildenden mit einem akademisch gebildeten

Elternteil einen Job annehmen würden. Ein weiterer Aspekt ist die negative Korrelation (-0,109) zwischen den Ergebnissen der Fragen nach einem Studium der Eltern und die Frage nach der Einschätzung der ausreichenden Qualifikation nach der Ausbildung. Dies zeigt den Zusammenhang, dass Auszubildende, von denen mindestens ein Elternteil studiert hat, die Ausbildung eher nicht als ausreichend für die spätere Arbeitswelt einschätzen. Daraus kann geschlossen werden, dass Auszubildende ohne einen akademischen Hintergrund der Eltern für das Unternehmen eher geeignet sind als Auszubildende mit akademisch gebildetem Elternteil.

7.8 Abiturienten und ihre Eignung für eine Ausbildung

Entgegen der im 6. Kapitel formulierten Annahme der These Nr. 4, das Abiturienten für eine Ausbildung ungeeignet sind, zeigt sich anhand der aufgeführten Ergebnisse, das diese nicht zutreffend ist. Im Gegensatz zu der erwarteten Annahme haben sich die Abiturienten als besonders geeignet dargestellt. Bei der Analyse der Mittelwerte haben Abiturienten 19 der 28 Fragen für das Unternehmen positiver als der Durchschnitt beantwortet. Realschüler haben hier noch 15 Fragen und Fachabiturienten nur noch 7 Fragen positiver als der Durchschnitt beantwortet. Die Frage nach der Annahme eines Jobangebotes wurde von den Abiturienten mit einem Mittelwert von 2,60 besser als der Durchschnitt (2,64) beantwortet. Realschüler haben mit 2,47 hierbei am besten und Fachabiturienten mit 2,71 am schlechtesten geantwortet. Dieser Wert ist zwar bei den Realschülern für die Unternehmen am besten, dennoch sind Abiturienten aufgrund der besseren Mittelwertanalyse für Unternehmen als Auszubildende geeigneter. Ausbildende Unternehmen können Maßnahmen aus dem folgendem 8. Kapitel anwenden und so die etwas schwächere Bindungswilligkeit, im Vergleich zu den Realschülern, steigern.

7.9 Einfluss der Familienplanung

Nachdem viele positive und wichtige Faktoren für Unternehmen zur Steigerung der Bindungswilligkeit aufgezeigt wurden, wird anhand der Punkte Kinderbetreuungsangebote im Unternehmen und die grundsätzliche Frage nach eigenen Kindern deutlich, dass diese eher nicht für die Bindungsentscheidung ausschlaggebend sind. Nur 11,21 % aller Auszubildenden, die einen Job annehmen würden, halten diese beiden Punkte eher für wichtig. Somit kann die Betrachtung der Kombinationsmöglichkeiten von Familie und Beruf bei Auszubildenden in Bezug zur Bindungswilligkeit eher außer Acht gelassen werden. Die Unterscheidung nach Geschlechtern macht aber deutlich, dass bei dieser Fragestellung weibliche Teilnehmer fast 70 % dieser Gruppe ausmachen. Dies kann durchaus als Hinweis gedeutet werden, dass weibliche Auszubildende eher an dieser Thematik interessiert sind. Eine genauere Analyse dieses Aspektes muss jedoch einer weiteren Untersuchung vorbehalten bleiben.

Einschränkend muss außerdem erwähnt werden, dass in der vorliegenden Untersuchung fast 70 % der Auszubildenden nicht älter als 21 Jahre waren. Es wäre deshalb, aufgrund der relativ niedrigen Anzahl an älteren Teilnehmern bei der Umfrage, interessant den Einfluss der Familienplanung auf die Bindungswilligkeit bei einer spezielleren Umfrage unter älteren Auszubildenden näher zu erfassen.

8 Optimierungsmöglichkeiten für Unternehmen hinsichtlich der Bindungswilligkeit ihrer Auszubildenden

8.1 Wichtigste Einflussfaktoren auf die Bindungswilligkeit von Auszubildenden

Durch die Auswertung und die Analyse der Einflussfaktoren auf die Bindungswilligkeit wurden fünf große Aspekte für die Steigerung der Bindungswilligkeit ermittelt. Unternehmen sollten u. a. in ihrer Kommunikation auf die Vermittlung von zukunftsfähigen Aussagen setzen, um die Auszubildenden positiv zu beeinflussen. Die Einschätzung der Auszubildenden bezogen auf die _Zukunftsfähigkeit des Unternehmens_ spielt einen großen Einfluss bei der Zufriedenheit und der damit verbundenen positiven Bewertung zur Wahl einer Ausbildung. Auszubildende, die nicht zufrieden sind, verlassen eher das Unternehmen und vergrößern den Mangel an Fachkräften im Unternehmen. Somit sollte von Unternehmen versucht werden, durch gezielte Kommunikation an die Auszubildenden und die Öffentlichkeit, sich als zukunftsfähig zu präsentieren. Besondere unternehmensinterne Maßnahmen, wie z. B. die Vorstellung von neuen attraktiven und zukunftsträchtigen Produktlinien oder zukunftsweisende Investitionsmaßnahmen, können diesen Effekt zusätzlich verstärken. Durch zufriedene Auszubildende bzw. Mitarbeiter kann sich ein Unternehmen bei der Außendarstellung besser präsentieren. Ein positives Image kann mithilfe der Auszubildenden und der Mitarbeiter nach außen verstärkt vermittelt werden. Zum Beispiel bieten Visitenkarten die Möglichkeit, verdeckt Werbung für das Unternehmen zu betreiben, indem Auszubildende oder Mitarbeiter diese an Freunde und Bekannte weitergeben und so Firmenname und -anschrift bekannter werden. Aus diesem Grund könnten sich evtl. neue potentielle Auszubildende bzw. Fachkräfte beim Unternehmen bewerben.

Ein weiterer Ansatz zur Steigerung der Bindungswilligkeit liegt bei _guten Arbeitsbedingungen_. Auszubildenden sollte die Möglichkeit gewährt werden, mit einer guten Ausstattung von Arbeitsgeräten arbeiten zu dürfen. Nicht nur die Arbeitsgeräte, sondern auch Büroräume, selbstständig zu erfüllende Aufgaben, u. a. können bei den Arbeitsbedingungen eine Rolle spielen.

Des Weiteren ist es für Unternehmen ratsam auf eine *angenehme Arbeitsatmosphäre* zu achten, da diese einen großen Einfluss auf die Bindungswilligkeit von Auszubildenden hat. Kollegiales Verhalten untereinander und gut qualifizierte Führungskräfte sind nur zwei zu nennende Punkte, die hierbei vom Unternehmen überprüft und evtl. verbessert werden sollten. Da sich die Identifikation der Problemfelder im eigenen Unternehmen als schwierig darstellen könnte, wäre es für das Unternehmen ratsam, eine anonymisierte Umfrage unter den Auszubildenden durchzuführen. Durch diese Ergebnisse kann dann herausgefunden werden, welche Themen von Seiten der Auszubildenden speziell als verbesserungswürdig erachtet werden, um diese anschließend zu optimieren. Von Seiten der Führungskräfte kann durch ein ergänzendes verbessertes Vorleben und realistischeres Formulieren von Unternehmensvisionen dazu beigetragen werden, eine Unternehmenskultur entstehen bzw. wachsen zu lassen, die zu einer Identifikation der Mitarbeiter beiträgt und somit die Gemeinschaft und Arbeitsatmosphäre stärken kann.

Als vierter der fünf großen Einflussfaktoren auf die Bindungswilligkeit kann eine insgesamt *gute Ausbildung* im Unternehmen genannt werden. Auszubildende, die während der Ausbildung mit den jeweiligen Unternehmen zufrieden sind, werden sich auch eher für ein Jobangebot von dieser Seite entscheiden. Somit sollten Unternehmen die wenigen Jahre einer Ausbildung nutzen, um Auszubildende vom Unternehmen zu überzeugen und anschließend langfristig an sich zu binden. In der kurzen Zeit einer Ausbildung können zukünftige Fachkräfte gesichert werden, deshalb sollten Unternehmen diese Phase sehr ernst nehmen.

Einfluss auf die Bindungswilligkeit von Auszubildenden übt ebenfalls die *Darstellung des Unternehmens im Vergleich zu anderen Unter-*

nehmen aus. Hierbei sollten, wie bereits bei der Zukunftsfähigkeit, über verschiede Kommunikationswege positive Eigenschaften und eigene Erfolge gegenüber anderen Unternehmen propagiert werden. Das in vielen Unternehmen vom Personalmanagement angewendete Employer Branding, das Darstellen als attraktiver Arbeitgeber, kann eine Maßnahme hiervon sein.

8.2 Einfluss von finanziellen Anreizen

Anhand der Auswertungsergebnisse wird deutlich, dass viele der Auszubildenden mit dem derzeitigen Einstiegsgehalt nicht zufrieden sind und dies als mögliches Kriterium für ein Ablehnen eines Jobangebotes des Unternehmens fungieren kann. Es wäre im Interesse des Unternehmens, besonders in Bezug auf die derzeitige Diskussion rund um das Thema Durchlässigkeit bei der Bildung in Deutschland, das Einstiegsgehalt von Auszubildenden anzuheben und die Diskrepanz zwischen dem Entgelt eines ausgelernten Auszubildenden und eines Hochschulabsolventen zu verringern. Dies könnte das Streben nach einem Studium nach der Ausbildung und somit das Verlassen von Auszubildenden aus dem Unternehmen ebenfalls verringern, da nur 33,70 % der Auszubildenden, die ein Studium nach der Ausbildung absolvieren wollen, mit dem Einstiegsgehalt eher zufrieden sind. Auch Leistungsprämien oder spezielle Sonderzahlungen können dazu beitragen, die monetären Ansprüche der Auszubildenden zu erfüllen. Als Beispiel kann eine Sonderzahlung, gestaffelt nach Abschlussnoten, genannt werden, die bei Annahme eines Jobangebotes dem Auszubildenden ausgezahlt wird.

8.3 Einfluss eines frühzeitigen Ansprechens

Durch ein frühzeitigeres Ansprechen von Auszubildenden in Bezug auf ein Jobangebot im Unternehmen, kann ein Abwandern zu anderen Unternehmen oder das Anstreben eines Studiums verhindern und somit die Anzahl der Fachkräfte im Unternehmen gesichert werden. Das frühe Aufzeigen von attraktiven Karriereplänen und Perspektiven im Unternehmen für einzelne Auszubildende kann einem Studium entgegenwirken. Hierbei hilft u. a. ein Mentorenprogramm, bei dem ein älterer Mitarbeiter, der in naher Zukunft in den Ruhestand geht, einem Auszubildenden seine Arbeitsaufgaben und alle damit verbundenen Tätigkeiten vermittelt, damit dieser anschließend diesen Arbeitsplatz übernehmen kann. Aber auch das Angebot eines ergänzenden dualen Studiums kann den Auszubildenden weiter an das Unternehmen binden und gleichzeitig den Wunsch des Auszubildenden nach einem Studium erfüllen. Wenn der Auszubildende dennoch ein Studium selbstständig absolvieren möchte, hat das Unternehmen die Chance, durch interessante Bindungsprogramme während des Studiums, sich weiter interessant zu gestalten, damit der ehemalige Auszubildende anschließend wieder integriert werden kann.

8.4 Einfluss von akademisch gebildeten Elternteilen

Unternehmen sollten bei der Wahl ihrer Auszubildenden im Lebenslauf auf die Informationen zu den Eltern achten, da diese einen großen Einfluss auf die Auszubildenden nehmen können. Anhand von akademischen Titeln, wie Doktor oder Professor, hat das Unternehmen die Möglichkeit herauszufinden, ob ein Elternteil ein Studium absolviert hat oder nicht. Auch bei einem Interview bzw. Vorstellungsgespräch kann das Unternehmen versuchen, Informationen zu den Eltern zu erhalten und anschließend mit diesen Informationen eine Entscheidung für die Wahl der neuen Auszubildenden treffen. Die Auswertungsergebnisse zeigen in diesem Fall, dass Auszubildende ohne ein akademisch gebildetes Elternteil besser für ein Unternehmen geeignet sind.

8.5 Abiturienten und ihre Eignung für eine Ausbildung

Die Auswahl der Auszubildenden sollte sich überwiegend auf Abiturienten beschränken. Durch die Analyse der Mittelwerte besteht bei diesen die größte Chance auf eine langfristige Zusammenarbeit zwischen Auszubildenden und dem Unternehmen. Fachabiturienten sollten nach den Ergebnissen dieser Untersuchung bei den Einstellungen von Unternehmen weniger berücksichtigt werden. Durch die schlechteste Bindungswilligkeit und den wenigen positiven Angaben im Vergleich zum Durchschnitt aller Auszubildenden bieten sich Fachabiturienten am wenigsten für Unternehmen als Auszubildende an.

8.6 Weitere Optimierungsmöglichkeiten für Unternehmen zur Steigerung der Bindungswilligkeit

Außerdem sollten Ausbildungsbetriebe eher *keine Studenten* als Auszubildende einstellen. Durch eine kritischere Bewertung der Ausbildung und den Ausbildungsbetrieb ist es für das Unternehmen schwieriger, diese Auszubildenden für eine Übernahme zu begeistern. Somit ist die Gefahr für das Unternehmen höher, dass dem erbrachten Ausbildungsaufwand kein späterer Nutzen durch den Auszubildenden als Facharbeiter gegenüber steht.

Auch die Auswahl der Auszubildenden nach dem *Alter* sollte mit in die Auswahlkriterien eingehen. Auszubildende, die 20 Jahre alt sind, bringen im Vergleich zu jüngeren bzw. älteren Auszubildenden die besten Voraussetzungen für eine langfristige Zusammenarbeit mit und sollten bevorzugt eingestellt werden.

Außerdem sollte aufgrund der Auswertung die *Betreuung* der Auszubildenden im zweiten und dritten Lehrjahr dringend verbessert werden. Zwar bewegen sich die Antwortmöglichkeiten alle eher im positiven Bereich, dennoch muss hierbei erwähnt werden, dass die Anzahl der Abweichungen zum ersten Lehrjahr zu groß ist. Gezieltere Angebote für Auszubildende aus dem zweiten bzw. dritten Lehrjahr können hier Abhilfe schaffen, um die Auszubildenden eher für das Unternehmen zu begeistern.

Verbesserte Einsatzmöglichkeiten für höhere Lehrjahre, spezielle Veranstaltungen nur für diese Auszubildenden oder eine gezieltere Vorbereitung auf das spätere Arbeitsleben können Maßnahmen sein, um die aufgezeigte Diskrepanz zu minimieren und dadurch vielleicht die Zahl von neuen Fachkräften im Unternehmen zu steigern.

Arbeitsinhalte sollten so gestaltet sein, dass die Auszubildenden im Unternehmen gefördert und gefordert werden. Nur 66,85 % der Auszubildenden, die eher positiv einem Jobangebot im Unternehmen gegenüber stehen, bezeichnen die Arbeitsinhalte in den Abteilungen als eher attraktiv. Auch dies spricht nicht für eine langfristige Zusammenarbeit zwischen Unternehmen und einer neuen möglichen Fachkraft. Die Übertragung von Verantwortung bzw. anspruchsvollen Aufgaben sollte von Unternehmensseite angestrebt werden, damit die neue Fachkraft dem Unternehmen langfristig Nutzen bringt.

Die Banken- und Industriebranche könnten zur Verbesserung ihrer Umfrageergebnisse ein *Benchmarking* mit der Versicherungsbranche durchführen. Durch diesen Vergleich von Inhalten der Betreuung etc. kann analysiert werden, wo Verbesserungen vorgenommen werden können, damit sich die Auszubildenden wohler fühlen und eine bessere Integration ins Unternehmen erreicht wird.

Zum Abschluss der Auswertung kann ergänzend gesagt werden, dass sich fast alle Fragen durch eine positive Korrelation mit der Frage nach einer Jobannahme im Unternehmen auszeichnen und somit fast alle Aspekte auf die Bindungswilligkeit von Auszubildenden einwirken. Die Unternehmen müssen somit weitreichend auf ihre Auszubildenden eingehen, um die Bindungswilligkeit an das Unternehmen zu steigern.

9 Schlussbetrachtung

Ausbildung von jungen Menschen ist eines der wichtigsten Instrumente für Unternehmen, um sich die zukünftig knapp werdenden Fachkräfte in Deutschland zu sichern. In Zeiten des Wertewandels und des Fachkräftemangels in Deutschland ist es für Unternehmen von Vorteil, selber auszubilden und anschließend die erfolgreichen Auszubildenden zu übernehmen. Aus der eigenen Ausbildung können Unternehmen großen Nutzen, besonders finanzieller Art, ziehen. Deshalb steht besonders beim Thema Ausbildung die Bindungswilligkeit im Vordergrund. Hierdurch soll versucht werden, den Auszubildenden langfristig an das Unternehmen zu binden. Aus den vorangegangenen Kapiteln wird deutlich, dass viele verschiedene Einflüsse die Bindungswilligkeit von Auszubildenden beeinflussen.

Durch die Auswertung der Angaben der 566 Teilnehmer der Umfrage zum Thema Ausbildung kann für die Unternehmen ein "perfekter" Auszubildender im Bezug auf Bindungswilligkeit aufgezeigt werden. Anhand der Daten und aufgrund der Mittelwertanalyse ist eher ein männlicher, 20 Jahre alter, direkter Schulabgänger mit Abitur und ohne akademisch gebildete Eltern der am besten für ein Unternehmen geeignete Auszubildende mit der höchsten zu erwartenden Bindungswilligkeit.

Zwar geben die eben genannten Ergebnisse hilfreiche Aufschlüsse für Unternehmen, dennoch müssen diese mit Einschränkungen betrachtet werden. Jeder Mensch und jede Ausbildung ist unterschiedlich. Die angegebenen Einflüsse auf die Bindungswilligkeit und die genannten Optimierungsmöglichkeiten bilden nur Ansätze und sind nicht vollständig übertragbar. Befragt wurden nur Auszubildende mit dem Ausbildungsabschluss Industriekaufmann, Bankkaufmann und Versicherungskaufmann. Klassische Ausbildungsberufe wie Handwerksberufe bei denen sich die Auszubildenden und deren Tätigkeiten von den Befragten unterscheiden, wurden nicht untersucht. Auch der Fragebogen analysiert nur einige von vielen möglichen Facetten der Einflüsse auf die Bindungswilligkeit von Auszubildenden an ihren Ausbildungsbetrieb.

Von den befragten Auszubildenden war das Feedback zum Fragebogen recht positiv. Die Übersichtlichkeit und die interessanten Fragen des Fragebogens wurden oftmals gelobt. Wohingegen der Umfang des Fragebogens teilweise als zu lang angesehen und manch eine Frage als unklar empfunden wurde. Dennoch kann gesagt werden, dass mithilfe der dargestellten Auswertung eine Tendenz für Unternehmen abgeleitet und wichtige Kommunikationsaspekte und Verbesserungen aufgezeigt werden können. Am auffallendsten ist das Problem der deutlich steigenden Unzufriedenheit von Auszubildenden vom 1. zum 3. Lehrjahr hin. Unternehmen müssen sich bemühen und den Auszubildenden täglich fordern und fördern, um sich deren Arbeitskraft zukünftig sichern zu können. Unternehmen müssen etwas bieten und sich von anderen Unternehmen abgrenzen, damit ihre Auszubildenden vom Unternehmen überzeugt sind und bleiben wollen. Diese Vorteile müssen nach außen kommuniziert werden, sodass durch gezielte Imagekampagnen potentielle Bewerber angesprochen werden und sich diese beim Unternehmen auf einen Ausbildungsplatz bewerben.

Die Entwicklung von einem Angebotsmarkt hin zu einem Nachfragemarkt bei Auszubildenden wird sich zukünftig weiter verstärken.[54] Unternehmen müssen sich darauf einstellen, dass Auszubildende mehr als eine Art Kunde angesehen und behandelt werden müssen.

In Zeiten des Fachkräftemangels besteht bei Jugendlichen zudem der Anspruch nach einer gerechten Entlohnung für ihre eingesetzte Arbeitskraft, einer attraktiven Berufsperspektive nach der Ausbildung sowie einer hohen Qualität der Ausbildung. Denn nur erfüllte Bedürfnisse schaffen zufriedene Auszubildende und steigern die Chance auf eine Jobannahme von Seiten eines Auszubildenden.

Durch diese Untersuchung wird verdeutlicht, dass ein ausgiebiges und frühzeitiges Zugehen auf Auszubildende für Unternehmen von Vorteil ist. Dieses Vorgehen kann Auszubildende positiv beeinflussen, dessen Bindungswilligkeit erhöhen und somit den Fachkräftemangel in Deutschland verringern.

---

[54] Vgl. Buckert, 2011, S. 27.

Fragebogen im Rahmen einer Untersuchung zum Thema Ausbildung:

1. Geschlecht:
○ Männlich ○ Weiblich

2. Alter: _____

3. Schulabschluss:
○ Abitur ○ Fachabitur ○ Realschule ○ Hauptschule ○ Sonstiges: _____

4. Letzte Tätigkeit vor der Ausbildung:
○ Schüler ○ Student ○ Arbeitnehmer ○ Sonstiges: _____

5. Ausbildungslehrjahr:
○ 1. Jahr ○ 2. Jahr ○ 3. Jahr

6. Kfm. Ausbildungsabschluss:
○ Industrie ○ Bank ○ Versicherung ○ Sonstiges: _____

7. Wie viele Mitarbeiter beschäftigt Ihr Unternehmen?
○ kleiner 150 ○ 151 - 350 ○ 351 - 2500 ○ 2501 und mehr

8. Hat mind. ein Elternteil von Ihnen studiert?
○ Ja ○ Nein

	sehr positiv	positiv	eher positiv	eher negativ	negativ	sehr negativ	Enthaltung
9. Wie empfinden Sie die Atmosphäre in Ihrem Unternehmen?	○	○	○	○	○	○	○
10. Wie bewerten Sie das Arbeitszeitmodell in Ihrem Unternehmen für Ihren späteren Arbeitsalltag?	○	○	○	○	○	○	○
11. Wie sind die Arbeitsbedingungen in Ihren Unternehmensabteilungen?	○	○	○	○	○	○	○
12. Wie sehen Sie Ihr Unternehmen im Vergleich zu anderen Unternehmen an?	○	○	○	○	○	○	○
13. Wie finden Sie Ihre Ausbildung bei Ihrem Unternehmen?	○	○	○	○	○	○	○
14. Wie bewerten Sie aktuell Ihre Wahl eine Ausbildung zu absolvieren?	○	○	○	○	○	○	○

	sehr attraktiv	attraktiv	eher attraktiv	eher unattraktiv	unattraktiv	sehr unattraktiv	Enthaltung
15. Wie bewerten Sie Ihr Unternehmen?	○	○	○	○	○	○	○
16. Wie finden Sie Ihr mögliches Einstiegsgehalt nach der Ausbildung in Ihrem Unternehmen?	○	○	○	○	○	○	○
17. Wie finden Sie die Arbeitsinhalte in den Abteilungen?	○	○	○	○	○	○	○

	sehr sicher	sicher	eher sicher	eher unsicher	unsicher	sehr unsicher	Enthaltung
18. Wie bewerten Sie die Arbeitsplätze Ihres Unternehmens im Hinblick auf Entlassungen?	○	○	○	○	○	○	○

	trifft voll und ganz zu	trifft zu	trifft eher zu	trifft eher nicht zu	trifft nicht zu	trifft überhaupt nicht zu	Enthaltung
19. Können Sie sich vorstellen bei Ihrem Unternehmen **langfristig** zu arbeiten?	○	○	○	○	○	○	○
20. Interessieren Sie sich für Managemententscheidungen Ihres Unternehmens?	○	○	○	○	○	○	○
21. Wollen Sie in den nächsten drei bis fünf Jahren heiraten oder eine Familie gründen?	○	○	○	○	○	○	○
22. Erhalten Sie von Führungskräften Feedback zu Ihren Arbeitsleistungen?	○	○	○	○	○	○	○
23. Halten Sie Ihr Unternehmen für zukunftsfähig?	○	○	○	○	○	○	○
24. Können Sie sich **mind. zwei** Abteilungsleiter als Ihren möglichen späteren Vorgesetzten vorstellen?	○	○	○	○	○	○	○
25. Identifizieren Sie sich mit dem Leitbild Ihres Unternehmens?	○	○	○	○	○	○	○
26. Führen die Führungskräfte (Abteilungsleiter oder höher) Ihres Unternehmens mitarbeiterorientiert?	○	○	○	○	○	○	○
27. Sehen Sie in Ihrem Unternehmen für sich eine berufliche Perspektive?	○	○	○	○	○	○	○
28. Haben Sie nach der Ausbildung vor ein Studium zu absolvieren?	○	○	○	○	○	○	○
29. Haben Sie sich bereits bei anderen Unternehmen über Jobangebote informiert?	○	○	○	○	○	○	○
30. Sind Betreuungsangebote für Kinder für Sie entscheidend bei der späteren Unternehmenswahl?	○	○	○	○	○	○	○
31. Würden Sie derzeit ein Jobangebot Ihres Unternehmens für nach der Ausbildung annehmen?	○	○	○	○	○	○	○
32. Sehen Sie sich mit Ihrer Ausbildung ausreichend für Ihre spätere Arbeitswelt qualifiziert?	○	○	○	○	○	○	○
33. Gibt es in Ihrem Unternehmen weitere finanzielle Leistungsanreize (Prämien, Vergünstigungen, etc.)?	○	○	○	○	○	○	○
34. Haben Sie Interesse an einem späteren Unternehmenswechsel?	○	○	○	○	○	○	○
35. Haben Sie bereits einen Arbeitsplatz nach der Ausbildung in einem anderen Unternehmen in Aussicht?	○	○	○	○	○	○	○
36. Fließt die Unternehmenspolitik bei Ihrer späteren Arbeitgeberwahl mit ein?	○	○	○	○	○	○	○

Wichtige Information!

Schule Klassenlehrer/in:_____
Anschrift

Sehr geehrte Damen und Herren,

in Absprache mit der Schul- und Abteilungsleitung erhalten Sie heute für Ihre Schüler einen Fragebogen zum Thema Ausbildung. Ziel der Umfrage ist es, das Bindungsverhalten von Auszubildenden an ihre Unternehmen zu analysieren und Potentiale zur Optimierung zu entwickeln.
Die Umfrage wird deutschlandweit durchgeführt und findet an Ihrer Schule vom 14. bis 17. Mai 2013 statt.

Bitte teilen Sie den beigefügten Fragebogen innerhalb Ihrer Unterrichtseinheit in Ihrer Klasse aus. Bei Unklarheiten der Schüler zu einzelnen Fragen, sollten diese Fragen offen gelassen werden.

Bitte geben Sie anschließend die ausgefüllten Fragebögen im Sekretariat ab.

Ich bedanke mich recht herzlich für Ihre Unterstützung bei meiner wissenschaftlichen Umfrage an Ihrer Schule.

Mit freundlichen Grüßen

Lutz Sänger

Darstellung der Ergebnisse der inhaltsbezogenen Umfrageantworten:

Wie empfinden Sie die Atmosphäre in Ihrem Unternehmen?

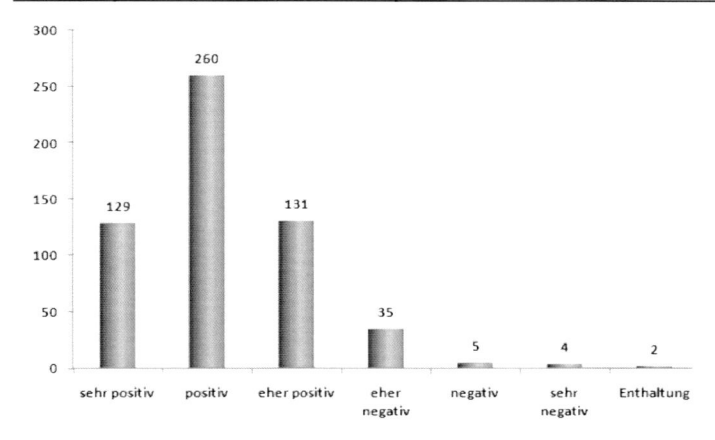

sehr positiv	positiv	eher positiv	eher negativ	negativ	sehr negativ	Enthaltung
129	260	131	35	5	4	2

Wie bewerten Sie das Arbeitszeitmodell in Ihrem Unternehmen für Ihren späteren Arbeitsalltag?

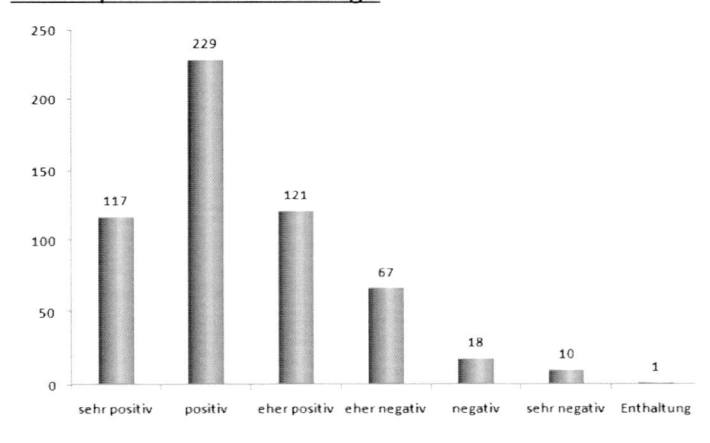

sehr positiv	positiv	eher positiv	eher negativ	negativ	sehr negativ	Enthaltung
117	229	121	67	18	10	1

Wie sind die Arbeitsbedingungen in Ihren Unternehmensabteilungen?

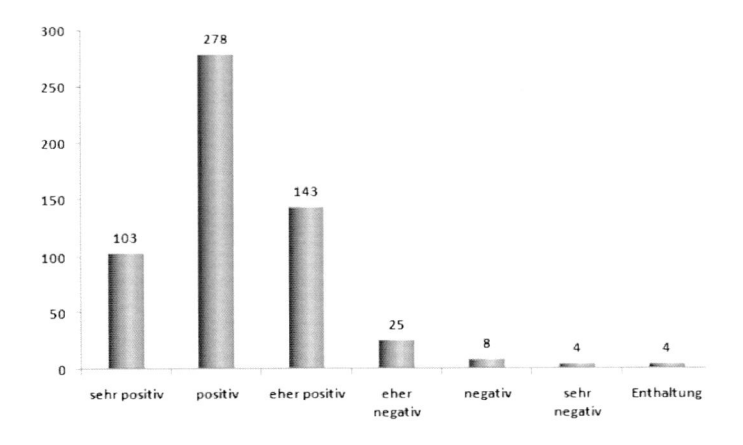

sehr positiv	positiv	eher positiv	eher negativ	negativ	sehr negativ	Enthaltung
103	278	143	25	8	4	4

Darstellung der Ergebnisse der inhaltsbezogenen Umfrageantworten:

Wie sehen Sie Ihr Unternehmen im Vergleich zu anderen Unternehmen an?

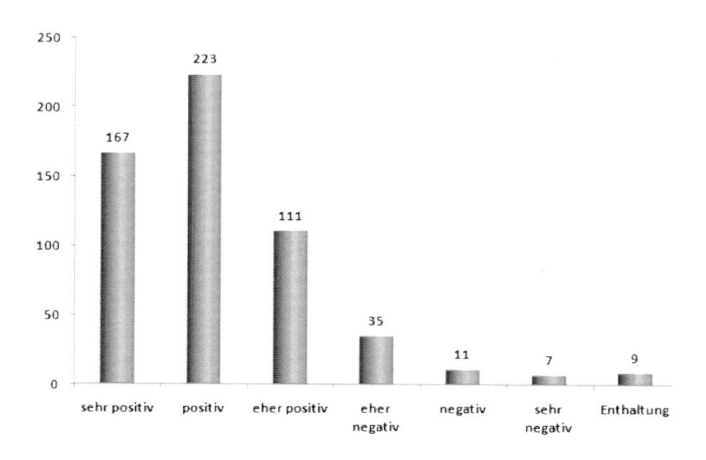

Antwort	Anzahl
sehr positiv	167
positiv	223
eher positiv	111
eher negativ	35
negativ	11
sehr negativ	7
Enthaltung	9

Wie finden Sie Ihre Ausbildung bei Ihrem Unternehmen?

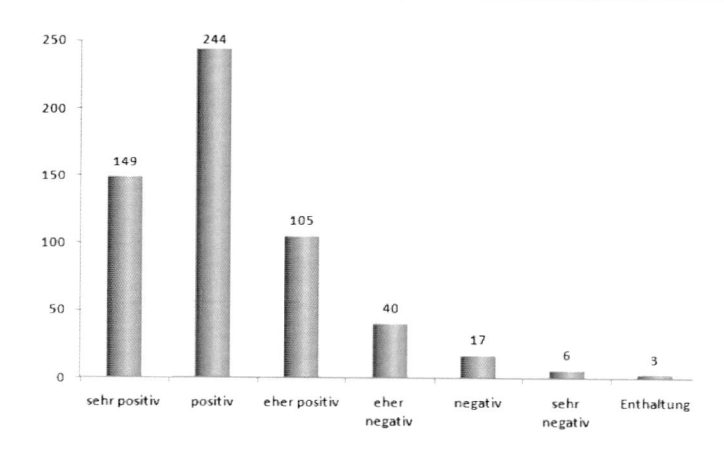

Antwort	Anzahl
sehr positiv	149
positiv	244
eher positiv	105
eher negativ	40
negativ	17
sehr negativ	6
Enthaltung	3

Wie bewerten Sie aktuell Ihre Wahl eine Ausbildung zu absolvieren?

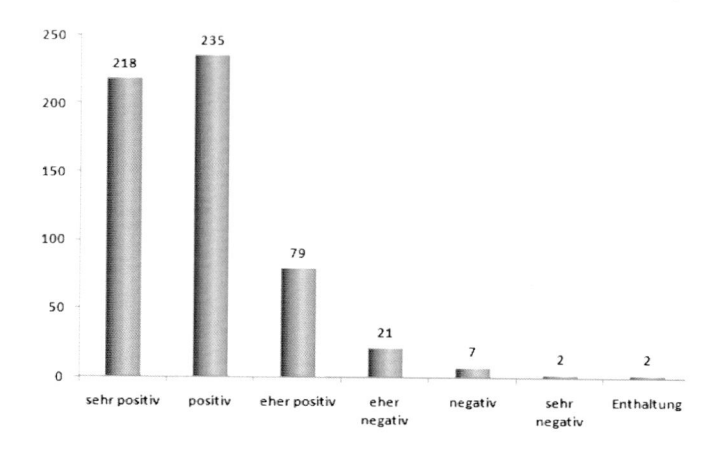

Antwort	Anzahl
sehr positiv	218
positiv	235
eher positiv	79
eher negativ	21
negativ	7
sehr negativ	2
Enthaltung	2

Darstellung der Ergebnisse der inhaltsbezogenen Umfrageantworten:

Wie bewerten Sie Ihr Unternehmen?

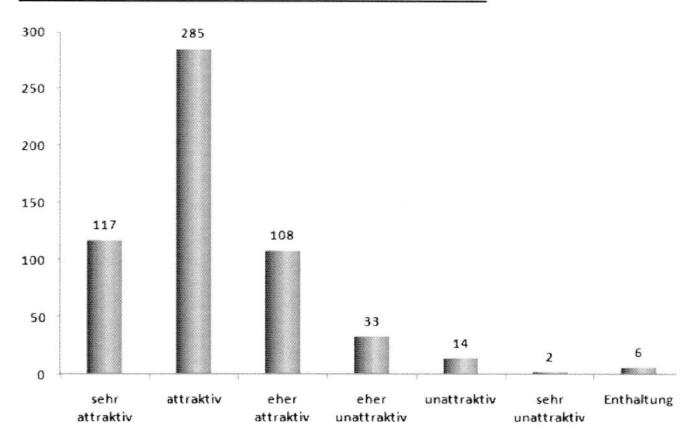

Bewertung	Anzahl
sehr attraktiv	117
attraktiv	285
eher attraktiv	108
eher unattraktiv	33
unattraktiv	14
sehr unattraktiv	2
Enthaltung	6

Wie finden Sie Ihr mögliches Einstiegsgehalt nach der Ausbildung in Ihrem Unternehmen?

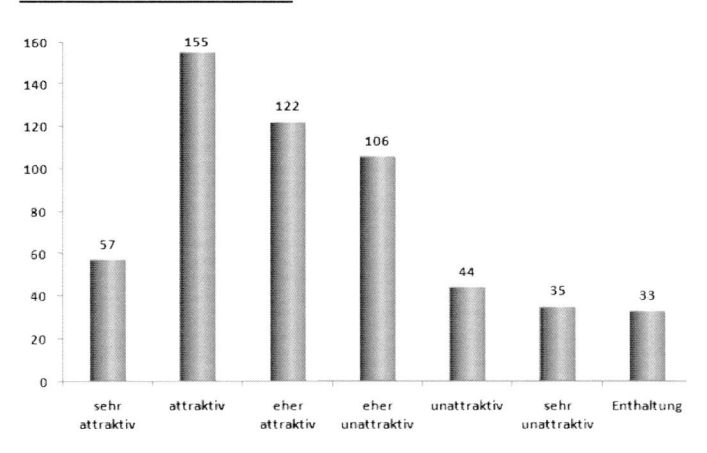

Bewertung	Anzahl
sehr attraktiv	57
attraktiv	155
eher attraktiv	122
eher unattraktiv	106
unattraktiv	44
sehr unattraktiv	35
Enthaltung	33

Wie finden Sie die Arbeitsinhalte in den Abteilungen?

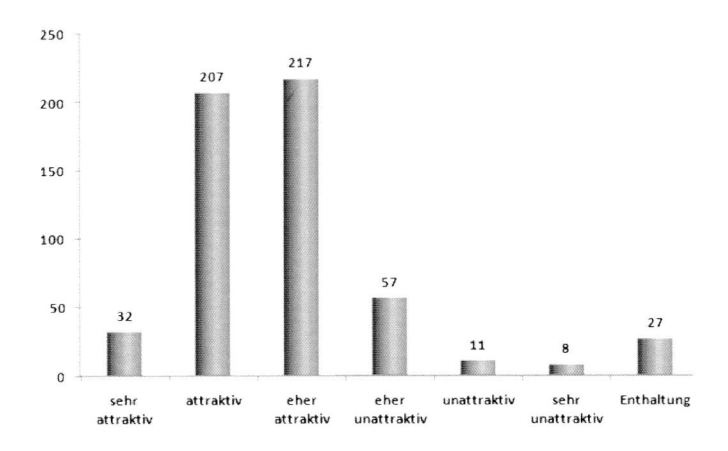

Bewertung	Anzahl
sehr attraktiv	32
attraktiv	207
eher attraktiv	217
eher unattraktiv	57
unattraktiv	11
sehr unattraktiv	8
Enthaltung	27

Darstellung der Ergebnisse der inhaltsbezogenen Umfrageantworten:

Wie bewerten Sie die Arbeitsplätze Ihres Unternehmens im Hinblick auf Entlassungen?

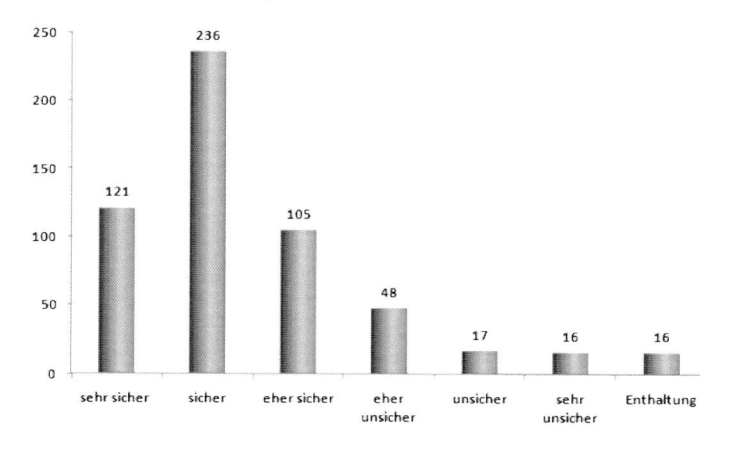

sehr sicher	sicher	eher sicher	eher unsicher	unsicher	sehr unsicher	Enthaltung
121	236	105	48	17	16	16

Können Sie sich vorstellen bei Ihrem Unternehmen **langfristig** zu arbeiten?

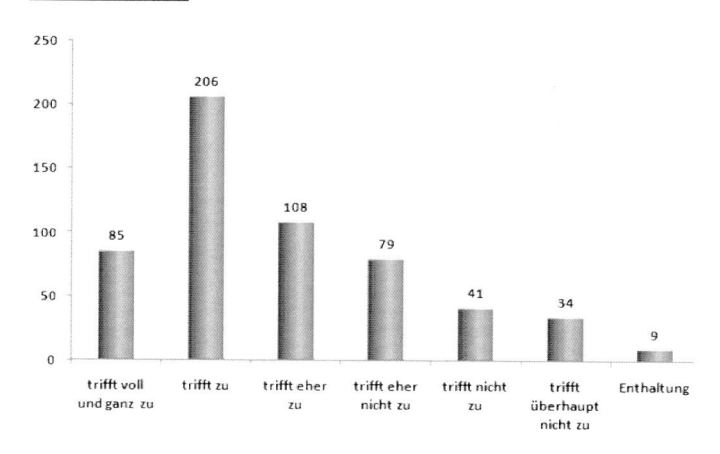

trifft voll und ganz zu	trifft zu	trifft eher zu	trifft eher nicht zu	trifft nicht zu	trifft überhaupt nicht zu	Enthaltung
85	206	108	79	41	34	9

Interessieren Sie sich für Managemententscheidungen Ihres Unternehmens?

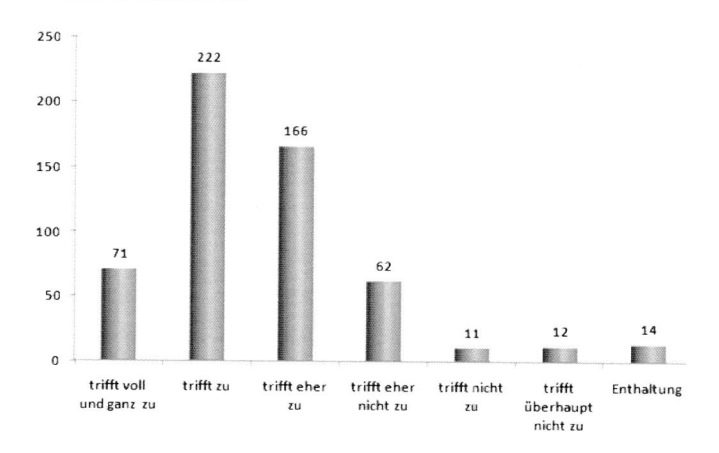

trifft voll und ganz zu	trifft zu	trifft eher zu	trifft eher nicht zu	trifft nicht zu	trifft überhaupt nicht zu	Enthaltung
71	222	166	62	11	12	14

Darstellung der Ergebnisse der inhaltsbezogenen Umfrageantworten:

Wollen Sie in den nächsten drei bis fünf Jahren heiraten oder eine Familie gründen?

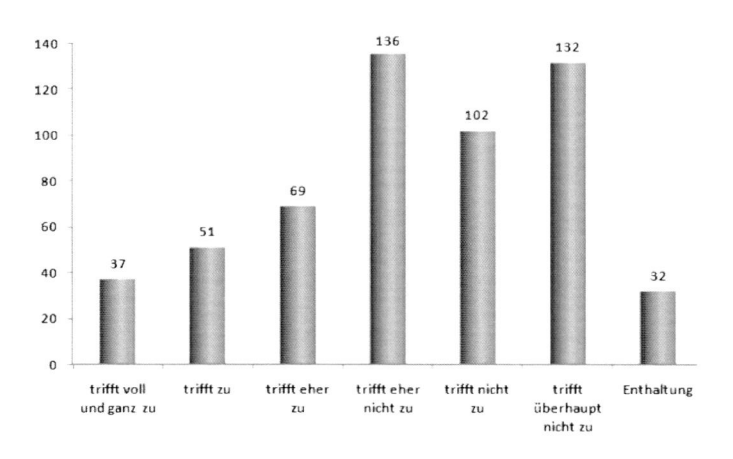

Antwort	Anzahl
trifft voll und ganz zu	37
trifft zu	51
trifft eher zu	69
trifft eher nicht zu	136
trifft nicht zu	102
trifft überhaupt nicht zu	132
Enthaltung	32

Erhalten Sie von Führungskräften Feedback zu Ihren Arbeitsleistungen?

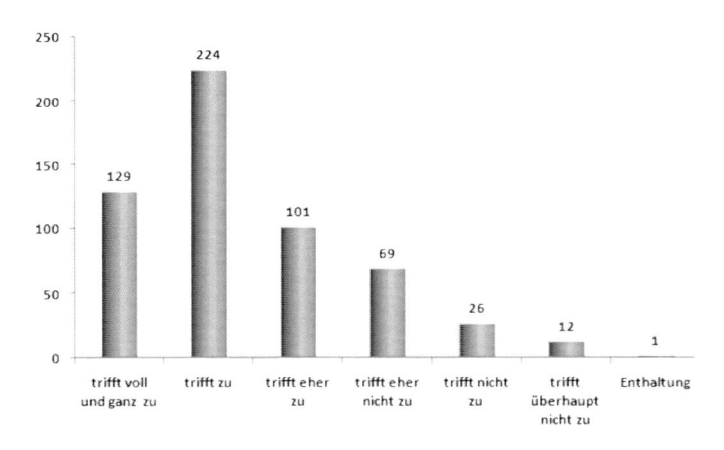

Antwort	Anzahl
trifft voll und ganz zu	129
trifft zu	224
trifft eher zu	101
trifft eher nicht zu	69
trifft nicht zu	26
trifft überhaupt nicht zu	12
Enthaltung	1

Halten Sie Ihr Unternehmen für zukunftsfähig?

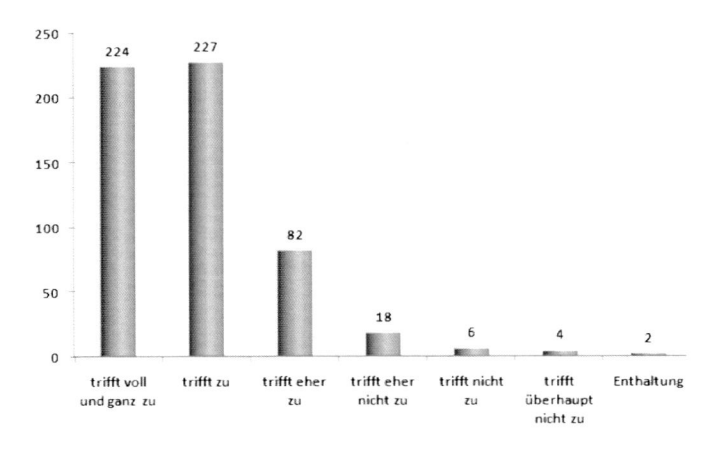

Antwort	Anzahl
trifft voll und ganz zu	224
trifft zu	227
trifft eher zu	82
trifft eher nicht zu	18
trifft nicht zu	6
trifft überhaupt nicht zu	4
Enthaltung	2

Darstellung der Ergebnisse der inhaltsbezogenen Umfrageantworten:

Können Sie sich **mind. zwei** Abteilungsleiter als Ihren möglichen späteren Vorgesetzten vorstellen?

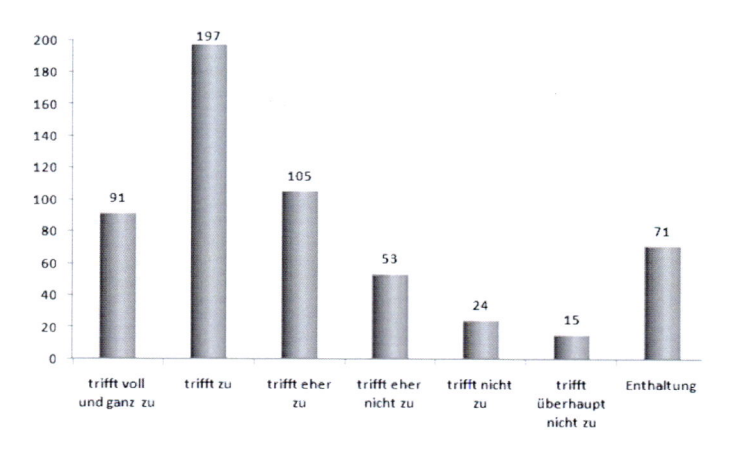

trifft voll und ganz zu	trifft zu	trifft eher zu	trifft eher nicht zu	trifft nicht zu	trifft überhaupt nicht zu	Enthaltung
91	197	105	53	24	15	71

Identifizieren Sie sich mit dem Leitbild Ihres Unternehmens?

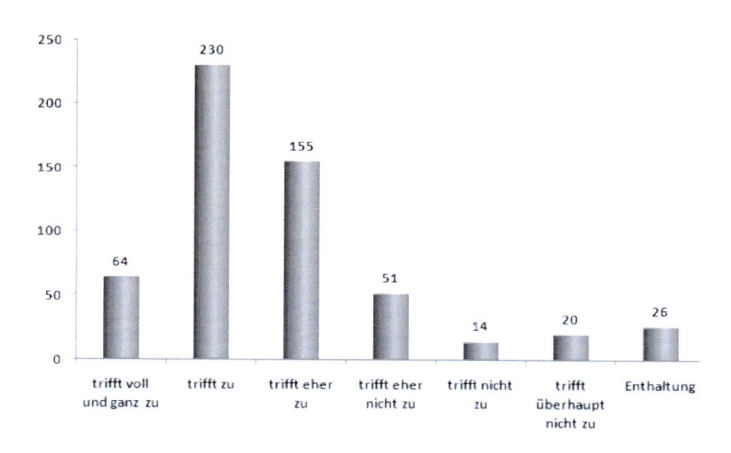

trifft voll und ganz zu	trifft zu	trifft eher zu	trifft eher nicht zu	trifft nicht zu	trifft überhaupt nicht zu	Enthaltung
64	230	155	51	14	20	26

Führen die Führungskräfte (Abteilungsleiter oder höher) Ihres Unternehmens mitarbeiterorientiert?

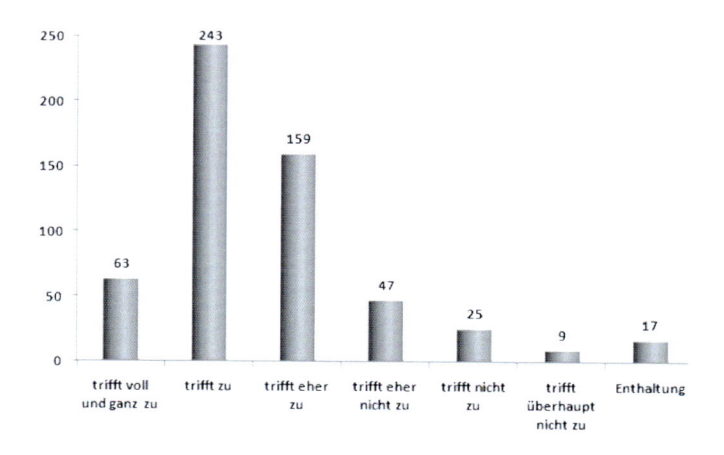

trifft voll und ganz zu	trifft zu	trifft eher zu	trifft eher nicht zu	trifft nicht zu	trifft überhaupt nicht zu	Enthaltung
63	243	159	47	25	9	17

Darstellung der Ergebnisse der inhaltsbezogenen Umfrageantworten:

Sehen Sie in Ihrem Unternehmen für sich eine berufliche Perspektive?

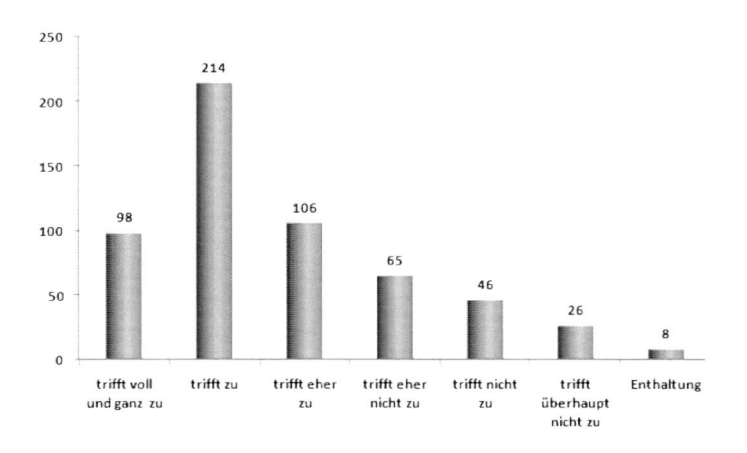

Antwort	Anzahl
trifft voll und ganz zu	98
trifft zu	214
trifft eher zu	106
trifft eher nicht zu	65
trifft nicht zu	46
trifft überhaupt nicht zu	26
Enthaltung	8

Haben Sie nach der Ausbildung vor ein Studium zu absolvieren?

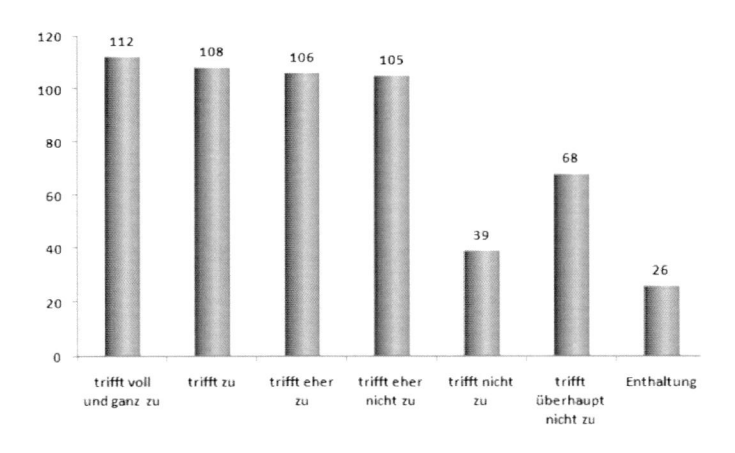

Antwort	Anzahl
trifft voll und ganz zu	112
trifft zu	108
trifft eher zu	106
trifft eher nicht zu	105
trifft nicht zu	39
trifft überhaupt nicht zu	68
Enthaltung	26

Haben Sie sich bereits bei anderen Unternehmen über Jobangebote informiert?

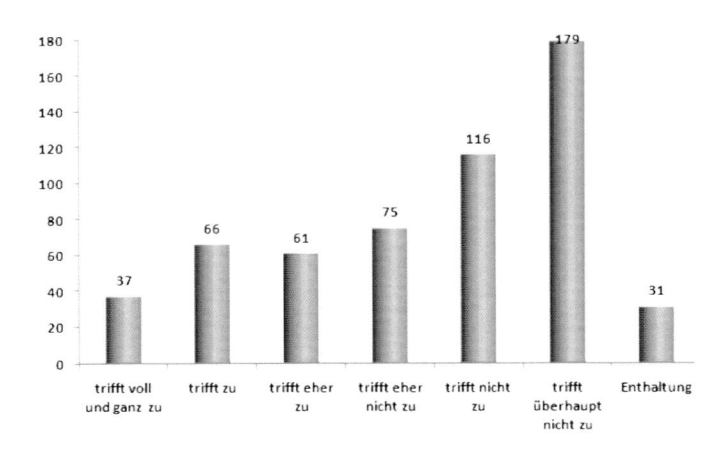

Antwort	Anzahl
trifft voll und ganz zu	37
trifft zu	66
trifft eher zu	61
trifft eher nicht zu	75
trifft nicht zu	116
trifft überhaupt nicht zu	179
Enthaltung	31

Darstellung der Ergebnisse der inhaltsbezogenen Umfrageantworten:

Sind Betreuungsangebote für Kinder für Sie entscheidend bei der späteren Unternehmenswahl?

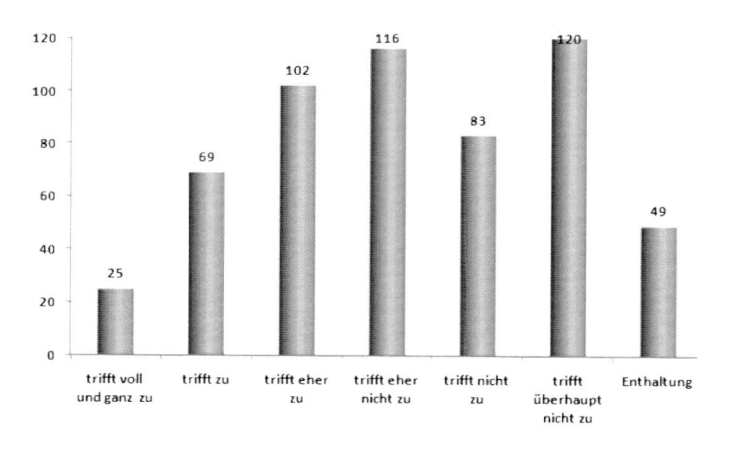

Antwort	Anzahl
trifft voll und ganz zu	25
trifft zu	69
trifft eher zu	102
trifft eher nicht zu	116
trifft nicht zu	83
trifft überhaupt nicht zu	120
Enthaltung	49

Würden Sie derzeit ein Jobangebot Ihres Unternehmens für nach der Ausbildung annehmen?

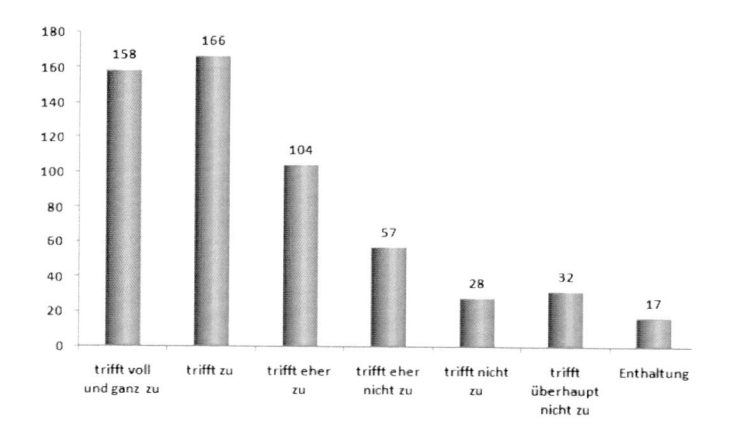

Antwort	Anzahl
trifft voll und ganz zu	158
trifft zu	166
trifft eher zu	104
trifft eher nicht zu	57
trifft nicht zu	28
trifft überhaupt nicht zu	32
Enthaltung	17

Sehen Sie sich mit Ihrer Ausbildung ausreichend für Ihre spätere Arbeitswelt qualifiziert?

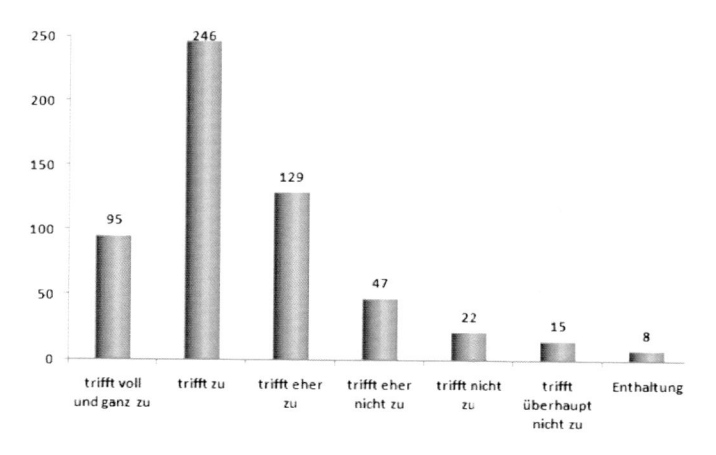

Antwort	Anzahl
trifft voll und ganz zu	95
trifft zu	246
trifft eher zu	129
trifft eher nicht zu	47
trifft nicht zu	22
trifft überhaupt nicht zu	15
Enthaltung	8

Darstellung der Ergebnisse der inhaltsbezogenen Umfrageantworten:

Gibt es in Ihrem Unternehmen weitere finanzielle Leistungsanreize (Prämien, Vergünstigungen, etc.)?

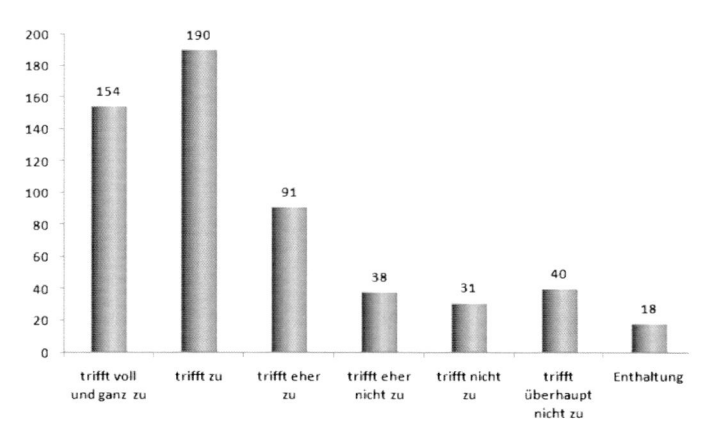

Antwort	Anzahl
trifft voll und ganz zu	154
trifft zu	190
trifft eher zu	91
trifft eher nicht zu	38
trifft nicht zu	31
trifft überhaupt nicht zu	40
Enthaltung	18

Haben Sie Interesse an einem späteren Unternehmenswechsel?

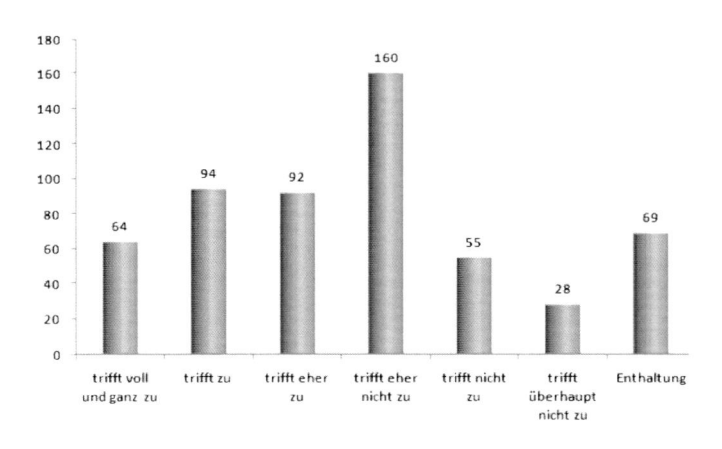

Antwort	Anzahl
trifft voll und ganz zu	64
trifft zu	94
trifft eher zu	92
trifft eher nicht zu	160
trifft nicht zu	55
trifft überhaupt nicht zu	28
Enthaltung	69

Haben Sie bereits einen Arbeitsplatz nach der Ausbildung in einem anderen Unternehmen in Aussicht?

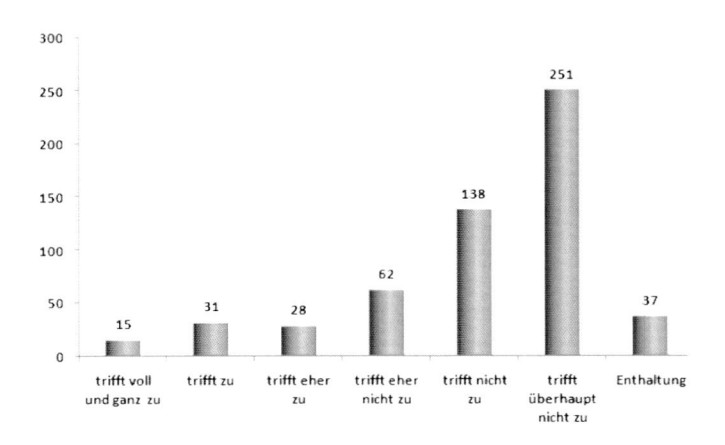

Antwort	Anzahl
trifft voll und ganz zu	15
trifft zu	31
trifft eher zu	28
trifft eher nicht zu	62
trifft nicht zu	138
trifft überhaupt nicht zu	251
Enthaltung	37

Darstellung der Ergebnisse der inhaltsbezogenen Umfrageantworten:

Fließt die Unternehmenspolitik bei Ihrer späteren Arbeitgeberwahl mit ein?

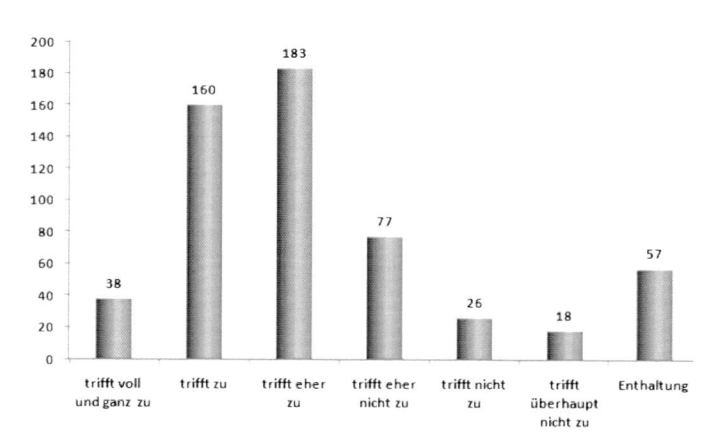

Antwort	Anzahl
trifft voll und ganz zu	38
trifft zu	160
trifft eher zu	183
trifft eher nicht zu	77
trifft nicht zu	26
trifft überhaupt nicht zu	18
Enthaltung	57

Darstellung genutzter SPSS-Auswertungen:

1)
Auswertung (nur Studenten):

- Sehen Sie sich mit Ihrer Ausbildung ausreichend für Ihre spätere Arbeitswelt qualifiziert?
- Würden Sie derzeit ein Jobangebot Ihres Unternehmens für nach der Ausbildung annehmen?

			Sehen Sie sich mit Ihrer Ausbildung ausreichend für Ihre spätere Arbeitswelt qualifiziert?					Gesamt
			1	2	3	4	5	
Würden Sie derzeit ein Jobangebot Ihres Unternehmens für nach der Ausbildung annehmen?	1	Anzahl	4	1	1	1	1	8
		% der Gesamtzahl	14,8%	3,7%	3,7%	3,7%	3,7%	29,6%
	2	Anzahl	0	1	1	0	1	3
		% der Gesamtzahl	0,0%	3,7%	3,7%	0,0%	3,7%	11,1%
	3	Anzahl	1	2	0	1	1	5
		% der Gesamtzahl	3,7%	7,4%	0,0%	3,7%	3,7%	18,5%
	4	Anzahl	0	3	0	0	1	4
		% der Gesamtzahl	0,0%	11,1%	0,0%	0,0%	3,7%	14,8%
	5	Anzahl	0	1	0	0	2	3
		% der Gesamtzahl	0,0%	3,7%	0,0%	0,0%	7,4%	11,1%
	6	Anzahl	0	0	1	1	0	2
		% der Gesamtzahl	0,0%	0,0%	3,7%	3,7%	0,0%	7,4%
	7	Anzahl	1	1	0	0	0	2
		% der Gesamtzahl	3,7%	3,7%	0,0%	0,0%	0,0%	7,4%
Gesamt		Anzahl	6	9	3	3	6	27
		% der Gesamtzahl	22,2%	33,3%	11,1%	11,1%	22,2%	100,0%

2)
Auswertung (nur Studenten):

- Würden Sie derzeit ein Jobangebot Ihres Unternehmens für nach der Ausbildung annehmen?

		Häufigkeit	Prozent	Gültige Prozente	Kumulierte Prozente
Gültig	1	8	29,6	29,6	29,6
	2	3	11,1	11,1	40,7
	3	5	18,5	18,5	59,3
	4	4	14,8	14,8	74,1
	5	3	11,1	11,1	85,2
	6	2	7,4	7,4	92,6
	7	2	7,4	7,4	100,0
	Gesamt	27	100,0	100,0	

Darstellung genutzter SPSS-Auswertungen:

3)
Auswertung:

- Wie finden Sie die Arbeitsinhalte in den Abteilungen?
- Würden Sie derzeit ein Jobangebot Ihres Unternehmens für nach der Ausbildung annehmen?

			Würden Sie derzeit ein Jobangebot Ihres Unternehmens für nach der Ausbildung annehmen?							Gesamt
			1	2	3	4	5	6	7	
Wie finden Sie die Arbeitsinhalte in den Abteilungen?	1	Anzahl	14	5	5	2	2	3	1	32
		% der Gesamtzahl	2,5%	0,9%	0,9%	0,4%	0,4%	0,5%	0,2%	5,8%
	2	Anzahl	79	63	28	19	3	8	5	205
		% der Gesamtzahl	14,2%	11,4%	5,0%	3,4%	0,5%	1,4%	0,9%	36,9%
	3	Anzahl	49	73	55	17	8	8	5	215
		% der Gesamtzahl	8,8%	13,2%	9,9%	3,1%	1,4%	1,4%	0,9%	38,7%
	4	Anzahl	10	15	5	12	10	3	2	57
		% der Gesamtzahl	1,8%	2,7%	0,9%	2,2%	1,8%	0,5%	0,4%	10,3%
	5	Anzahl	2	1	1	1	3	3	0	11
		% der Gesamtzahl	0,4%	0,2%	0,2%	0,2%	0,5%	0,5%	0,0%	2,0%
	6	Anzahl	0	0	2	3	0	3	0	8
		% der Gesamtzahl	0,0%	0,0%	0,4%	0,5%	0,0%	0,5%	0,0%	1,4%
	7	Anzahl	3	7	6	3	2	3	3	27
		% der Gesamtzahl	0,5%	1,3%	1,1%	0,5%	0,4%	0,5%	0,5%	4,9%
Gesamt		Anzahl	157	164	102	57	28	31	16	555
		% der Gesamtzahl	28,3%	29,5%	18,4%	10,3%	5,0%	5,6%	2,9%	100,0%

4)
Auswertung:

- Erhalten Sie von den Führungskräften Feedback zu Ihren Arbeitsleistungen?
- Würden Sie derzeit ein Jobangebot Ihres Unternehmens für nach der Ausbildung annehmen?

			Würden Sie derzeit ein Jobangebot Ihres Unternehmens für nach der Ausbildung annehmen?							Gesamt
			1	2	3	4	5	6	7	
Erhalten Sie von den Führungskräften Feedback zu Ihren Arbeitsleistungen?	1	Anzahl	64	23	21	8	4	2	5	127
		% der Gesamtzahl	11,5%	4,1%	3,8%	1,4%	0,7%	0,4%	0,9%	22,8%
	2	Anzahl	54	95	36	12	9	12	5	223
		% der Gesamtzahl	9,7%	17,0%	6,5%	2,2%	1,6%	2,2%	0,9%	40,0%
	3	Anzahl	21	25	29	14	3	6	2	100
		% der Gesamtzahl	3,8%	4,5%	5,2%	2,5%	0,5%	1,1%	0,4%	17,9%
	4	Anzahl	12	14	14	14	6	9	0	69
		% der Gesamtzahl	2,2%	2,5%	2,5%	2,5%	1,1%	1,6%	0,0%	12,4%
	5	Anzahl	4	6	1	6	5	1	3	26
		% der Gesamtzahl	0,7%	1,1%	0,2%	1,1%	0,9%	0,2%	0,5%	4,7%
	6	Anzahl	2	3	1	3	1	2	0	12
		% der Gesamtzahl	0,4%	0,5%	0,2%	0,5%	0,2%	0,4%	0,0%	2,2%
	7	Anzahl	0	0	0	0	0	0	1	1
		% der Gesamtzahl	0,0%	0,0%	0,0%	0,0%	0,0%	0,0%	0,2%	0,2%
Gesamt		Anzahl	157	166	102	57	28	32	16	558
		% der Gesamtzahl	28,1%	29,7%	18,3%	10,2%	5,0%	5,7%	2,9%	100,0%

Darstellung genutzter SPSS-Auswertungen:

5)
Auswertung:

- Gibt es in Ihrem Unternehmen weitere finanzielle Leistungsanreize (Prämien, Vergünstigungen, etc.)?
- Würden Sie derzeit ein Jobangebot Ihres Unternehmens für nach der Ausbildung annehmen?

			Würden Sie derzeit ein Jobangebot Ihres Unternehmens für nach der Ausbildung annehmen?							Gesamt
			1	2	3	4	5	6	7	
Gibt es in Ihrem Unternehmen weitere finanzielle Leistungsanreize (Prämien, Vergünstigungen, etc.)?	1	Anzahl	52	50	20	10	6	10	5	153
		% der Gesamtzahl	9,3%	9,0%	3,6%	1,8%	1,1%	1,8%	0,9%	27,4%
	2	Anzahl	54	65	35	20	4	5	5	188
		% der Gesamtzahl	9,7%	11,6%	6,3%	3,6%	0,7%	0,9%	0,9%	33,7%
	3	Anzahl	29	20	25	9	6	2	0	91
		% der Gesamtzahl	5,2%	3,6%	4,5%	1,6%	1,1%	0,4%	0,0%	16,3%
	4	Anzahl	10	7	9	7	2	2	1	38
		% der Gesamtzahl	1,8%	1,3%	1,6%	1,3%	0,4%	0,4%	0,2%	6,8%
	5	Anzahl	2	7	8	4	3	4	2	30
		% der Gesamtzahl	0,4%	1,3%	1,4%	0,7%	0,5%	0,7%	0,4%	5,4%
	6	Anzahl	6	9	1	7	5	9	3	40
		% der Gesamtzahl	1,1%	1,6%	0,2%	1,3%	0,9%	1,6%	0,5%	7,2%
	7	Anzahl	3	7	5	0	2	0	1	18
		% der Gesamtzahl	0,5%	1,3%	0,9%	0,0%	0,4%	0,0%	0,2%	3,2%
Gesamt		Anzahl	156	165	103	57	28	32	17	558
		% der Gesamtzahl	28,0%	29,6%	18,5%	10,2%	5,0%	5,7%	3,0%	100,0%

6)
Auswertung:

- Wie finden Sie Ihr mögliches Einstiegsgehalt nach der Ausbildung in Ihrem Unternehmen?
- Würden Sie derzeit ein Jobangebot Ihres Unternehmens für nach der Ausbildung annehmen?

			Würden Sie derzeit ein Jobangebot Ihres Unternehmens für nach der Ausbildung annehmen?							Gesamt
			1	2	3	4	5	6	7	
Wie finden Sie Ihr mögliches Einstiegsgehalt nach der Ausbildung in Ihrem Unternehmen?	1	Anzahl	33	14	3	3	1	2	1	57
		% der Gesamtzahl	6,0%	2,5%	0,5%	0,5%	0,2%	0,4%	0,2%	10,4%
	2	Anzahl	51	49	30	13	5	4	2	154
		% der Gesamtzahl	9,3%	8,9%	5,5%	2,4%	0,9%	0,7%	0,4%	28,0%
	3	Anzahl	22	46	27	12	5	5	5	122
		% der Gesamtzahl	4,0%	8,4%	4,9%	2,2%	0,9%	0,9%	0,9%	22,2%
	4	Anzahl	29	29	22	13	2	4	5	104
		% der Gesamtzahl	5,3%	5,3%	4,0%	2,4%	0,4%	0,7%	0,9%	18,9%
	5	Anzahl	8	11	9	5	8	3	0	44
		% der Gesamtzahl	1,5%	2,0%	1,6%	0,9%	1,5%	0,5%	0,0%	8,0%
	6	Anzahl	5	4	6	6	2	10	2	35
		% der Gesamtzahl	0,9%	0,7%	1,1%	1,1%	0,4%	1,8%	0,4%	6,4%
	7	Anzahl	8	10	5	3	5	2	1	34
		% der Gesamtzahl	1,5%	1,8%	0,9%	0,5%	0,9%	0,4%	0,2%	6,2%
Gesamt		Anzahl	156	163	102	55	28	30	16	550
		% der Gesamtzahl	28,4%	29,6%	18,5%	10,0%	5,1%	5,5%	2,9%	100,0%

Darstellung genutzter SPSS-Auswertungen:

7)
Auswertung (nur 3. Lehrjahr):
- Haben Sie sich bereits bei anderen Unternehmen über Jobangebote informiert?

		Häufigkeit	Prozent	Gültige Prozente	Kumulierte Prozente
Gültig	1	17	12,7	12,8	12,8
	2	24	17,9	18,0	30,8
	3	17	12,7	12,8	43,6
	4	21	15,7	15,8	59,4
	5	18	13,4	13,5	72,9
	6	32	23,9	24,1	97,0
	7	4	3,0	3,0	100,0
	Gesamt	133	99,3	100,0	
Fehlend	System	1	,7		
Gesamt		134	100,0		

8)
Auswertung (nur 3. Lehrjahr):
- Haben Sie Interesse an einem späteren Unternehmenswechsel?

		Häufigkeit	Prozent	Gültige Prozente	Kumulierte Prozente
Gültig	1	22	16,4	16,7	16,7
	2	24	17,9	18,2	34,8
	3	27	20,1	20,5	55,3
	4	33	24,6	25,0	80,3
	5	5	3,7	3,8	84,1
	6	6	4,5	4,5	88,6
	7	15	11,2	11,4	100,0
	Gesamt	132	98,5	100,0	
Fehlend	System	2	1,5		
Gesamt		134	100,0		

9)
Auswertung (nur 3. Lehrjahr):
-Haben Sie bereits einen Arbeitsplatz nach der Ausbildung in einem anderen Unternehmen in Aussicht?

		Häufigkeit	Prozent	Gültige Prozente	Kumulierte Prozente
Gültig	1	6	4,5	4,6	4,6
	2	8	6,0	6,1	10,7
	3	7	5,2	5,3	16,0
	4	17	12,7	13,0	29,0
	5	37	27,6	28,2	57,3
	6	51	38,1	38,9	96,2
	7	5	3,7	3,8	100,0
	Gesamt	131	97,8	100,0	
Fehlend	System	3	2,2		
Gesamt		134	100,0		

Darstellung genutzter SPSS-Auswertungen:

10)
Auswertung (nur 3. Lehrjahr):
- Haben Sie nach der Ausbildung vor ein Studium zu absolvieren?

		Häufigkeit	Prozent	Gültige Prozente	Kumulierte Prozente
Gültig	1	27	20,1	20,5	20,5
	2	19	14,2	14,4	34,8
	3	16	11,9	12,1	47,0
	4	29	21,6	22,0	68,9
	5	12	9,0	9,1	78,0
	6	27	20,1	20,5	98,5
	7	2	1,5	1,5	100,0
	Gesamt	132	98,5	100,0	
Fehlend	System	2	1,5		
Gesamt		134	100,0		

11)
Auswertung (nur Auszubildende mit akademischen Elternteil):
- Würden Sie derzeit ein Jobangebot Ihres Unternehmens für nach der Ausbildung annehmen?

		Häufigkeit	Prozent	Gültige Prozente	Kumulierte Prozente
Gültig	1	37	26,4	26,4	26,4
	2	39	27,9	27,9	54,3
	3	23	16,4	16,4	70,7
	4	16	11,4	11,4	82,1
	5	11	7,9	7,9	90,0
	6	10	7,1	7,1	97,1
	7	4	2,9	2,9	100,0
	Gesamt	140	100,0	100,0	

12)
Auswertung (nur Auszubildende ohne akademischen Elternteil):
- Würden Sie derzeit ein Jobangebot Ihres Unternehmens für nach der Ausbildung annehmen?

		Häufigkeit	Prozent	Gültige Prozente	Kumulierte Prozente
Gültig	1	117	28,0	28,3	28,3
	2	126	30,1	30,4	58,7
	3	79	18,9	19,1	77,8
	4	40	9,6	9,7	87,4
	5	17	4,1	4,1	91,5
	6	22	5,3	5,3	96,9
	7	13	3,1	3,1	100,0
	Gesamt	414	99,0	100,0	
Fehlend	System	4	1,0		
Gesamt		418	100,0		

Darstellung genutzter SPSS-Auswertungen:

13)
Auswertung:

- Hat mind. ein Elternteil von Ihnen studiert?
- Sehen Sie sich mit Ihrer Ausbildung ausreichend für Ihre spätere Arbeitswelt qualifiziert?

Symmetrische Maße

		Wert	Asymptotischer Standardfehler[a]	Näherungsweises T[b]	Näherungsweise Signifikanz
Intervall- bzgl. Intervallmaß	Pearson-R	-,109	,044	-2,573	,010[c]
Ordinal- bzgl. Ordinalmaß	Korrelation nach Spearman	-,116	,042	-2,757	,006[c]
Anzahl der gültigen Fälle		555			

a. Die Null-Hyphothese wird nicht angenommen.
b. Unter Annahme der Null-Hyphothese wird der asymptotische Standardfehler verwendet.
c. Basierend auf normaler Näherung

14)
Auswertung:

- Würden Sie derzeit ein Jobangebot Ihres Unternehmens für nach der Ausbildung annehmen?
- Sind Betreuungsangebote für Kinder für Sie entscheidend bei der späteren Unternehmenswahl?
- Wollen Sie in den nächsten drei bis fünf Jahren heiraten oder eine Familie gründen?

Würden Sie derzeit ein Jobangebot Ihres Unternehmens für nach der Ausbildung annehmen?			Sind Betreuungsangebote für Kinder für Sie entscheidend bei der späteren Unternehmenswahl?							Gesamt
			1	2	3	4	5	6	7	
1	Wollen Sie in den nächsten drei bis fünf Jahren heiraten oder eine Familie gründen?	1 Anzahl	1	2	3	2	2	4	0	14
		% der Gesamtzahl	0,6%	1,3%	1,9%	1,3%	1,3%	2,6%	0,0%	9,0%
		2 Anzahl	1	5	4	4	2	1	0	17
		% der Gesamtzahl	0,6%	3,2%	2,6%	2,6%	1,3%	0,6%	0,0%	10,9%
		3 Anzahl	1	2	2	2	2	2	1	12
		% der Gesamtzahl	0,6%	1,3%	1,3%	1,3%	1,3%	1,3%	0,6%	7,7%
		4 Anzahl	3	5	13	10	5	7	1	44
		% der Gesamtzahl	1,9%	3,2%	8,3%	6,4%	3,2%	4,5%	0,6%	28,2%
		5 Anzahl	1	1	5	7	3	4	4	25
		% der Gesamtzahl	0,6%	0,6%	3,2%	4,5%	1,9%	2,6%	2,6%	16,0%
		6 Anzahl	2	2	5	4	4	15	1	33
		% der Gesamtzahl	1,3%	1,3%	3,2%	2,6%	2,6%	9,6%	0,6%	21,2%
		7 Anzahl	2	0	2	1	1	4	1	11
		% der Gesamtzahl	1,3%	0,0%	1,3%	0,6%	0,6%	2,6%	0,6%	7,1%
	Gesamt	Anzahl	11	17	34	30	19	37	8	156
		% der Gesamtzahl	7,1%	10,9%	21,8%	19,2%	12,2%	23,7%	5,1%	100,0%
2		1 Anzahl	0	1	1	2	0	0	0	4
		% der Gesamtzahl	0,0%	0,6%	0,6%	1,2%	0,0%	0,0%	0,0%	2,5%
		2 Anzahl	1	4	4	4	1	1	1	16
		% der Gesamtzahl	0,6%	2,5%	2,5%	2,5%	0,6%	0,6%	0,6%	9,8%
		3 Anzahl	2	7	4	8	4	4	0	29
		% der Gesamtzahl	1,2%	4,3%	2,5%	4,9%	2,5%	2,5%	0,0%	17,8%
		4 Anzahl	1	5	6	11	7	7	5	42
		% der Gesamtzahl	0,6%	3,1%	3,7%	6,7%	4,3%	4,3%	3,1%	25,8%
		5 Anzahl	0	1	9	7	6	4	1	28
		% der Gesamtzahl	0,0%	0,6%	5,5%	4,3%	3,7%	2,5%	0,6%	17,2%
		6 Anzahl	1	6	3	5	5	12	3	35
		% der Gesamtzahl	0,6%	3,7%	1,8%	3,1%	3,1%	7,4%	1,8%	21,5%
		7 Anzahl	0	0	1	1	2	3	2	9
		% der Gesamtzahl	0,0%	0,0%	0,6%	0,6%	1,2%	1,8%	1,2%	5,5%

	Gesamt		Anzahl	5	24	28	38	25	31	12	163
			% der Gesamtzahl	3,1%	14,7%	17,2%	23,3%	15,3%	19,0%	7,4%	100,0%
		1	Anzahl	2	2	3	0	0	2	0	9
			% der Gesamtzahl	1,9%	1,9%	2,9%	0,0%	0,0%	1,9%	0,0%	8,7%
		2	Anzahl	0	1	4	3	3	2	0	13
			% der Gesamtzahl	0,0%	1,0%	3,8%	2,9%	2,9%	1,9%	0,0%	12,5%
		3	Anzahl	0	5	0	1	2	3	0	11
			% der Gesamtzahl	0,0%	4,8%	0,0%	1,0%	1,9%	2,9%	0,0%	10,6%
3		4	Anzahl	1	1	6	8	3	1	2	22
			% der Gesamtzahl	1,0%	1,0%	5,8%	7,7%	2,9%	1,0%	1,9%	21,2%
		5	Anzahl	0	2	2	4	6	5	4	23
			% der Gesamtzahl	0,0%	1,9%	1,9%	3,8%	5,8%	4,8%	3,8%	22,1%
		6	Anzahl	1	1	1	7	3	5	3	21
			% der Gesamtzahl	1,0%	1,0%	1,0%	6,7%	2,9%	4,8%	2,9%	20,2%
		7	Anzahl	0	1	0	2	1	1	0	5
			% der Gesamtzahl	0,0%	1,0%	0,0%	1,9%	1,0%	1,0%	0,0%	4,8%
	Gesamt		Anzahl	4	13	16	25	18	19	9	104
			% der Gesamtzahl	3,8%	12,5%	15,4%	24,0%	17,3%	18,3%	8,7%	100,0%
		1	Anzahl	0	1	1	0	0	0	2	4
			% der Gesamtzahl	0,0%	1,8%	1,8%	0,0%	0,0%	0,0%	3,5%	7,0%
		2	Anzahl	0	1	1	0	0	1	0	3
			% der Gesamtzahl	0,0%	1,8%	1,8%	0,0%	0,0%	1,8%	0,0%	5,3%
		3	Anzahl	1	0	0	1	2	1	0	5
			% der Gesamtzahl	1,8%	0,0%	0,0%	1,8%	3,5%	1,8%	0,0%	8,8%
4		4	Anzahl	0	2	3	1	3	0	0	9
			% der Gesamtzahl	0,0%	3,5%	5,3%	1,8%	5,3%	0,0%	0,0%	15,8%
		5	Anzahl	0	0	2	3	2	3	2	12
			% der Gesamtzahl	0,0%	0,0%	3,5%	5,3%	3,5%	5,3%	3,5%	21,1%
		6	Anzahl	0	2	5	3	3	9	1	23
			% der Gesamtzahl	0,0%	3,5%	8,8%	5,3%	5,3%	15,8%	1,8%	40,4%
		7	Anzahl	0	0	1	0	0	0	0	1
			% der Gesamtzahl	0,0%	0,0%	1,8%	0,0%	0,0%	0,0%	0,0%	1,8%
	Gesamt		Anzahl	1	6	13	8	10	14	5	57
			% der Gesamtzahl	1,8%	10,5%	22,8%	14,0%	17,5%	24,6%	8,8%	100,0%
		2	Anzahl		0	0	0	0	0	1	1
			% der Gesamtzahl		0,0%	0,0%	0,0%	0,0%	0,0%	3,6%	3,6%
		3	Anzahl		1	0	2	1	0	0	4
			% der Gesamtzahl		3,6%	0,0%	7,1%	3,6%	0,0%	0,0%	14,3%
		4	Anzahl		1	1	2	1	0	1	6
			% der Gesamtzahl		3,6%	3,6%	7,1%	3,6%	0,0%	3,6%	21,4%
5		5	Anzahl		1	3	0	1	0	2	7
			% der Gesamtzahl		3,6%	10,7%	0,0%	3,6%	0,0%	7,1%	25,0%
		6	Anzahl		0	1	2	2	3	0	8
			% der Gesamtzahl		0,0%	3,6%	7,1%	7,1%	10,7%	0,0%	28,6%
		7	Anzahl		0	0	0	0	0	2	2
			% der Gesamtzahl		0,0%	0,0%	0,0%	0,0%	0,0%	7,1%	7,1%
	Gesamt		Anzahl		3	5	6	5	3	6	28
			% der Gesamtzahl		10,7%	17,9%	21,4%	17,9%	10,7%	21,4%	100,0%
		1	Anzahl	1	1	0	0	1	1	1	5
			% der Gesamtzahl	3,4%	3,4%	0,0%	0,0%	3,4%	3,4%	3,4%	17,2%
		3	Anzahl	2	1	0	0	0	1	0	4
			% der Gesamtzahl	6,9%	3,4%	0,0%	0,0%	0,0%	3,4%	0,0%	13,8%
		4	Anzahl	0	1	0	3	0	0	0	4
			% der Gesamtzahl	0,0%	3,4%	0,0%	10,3%	0,0%	0,0%	0,0%	13,8%
6		5	Anzahl	0	0	2	0	0	1	0	3
			% der Gesamtzahl	0,0%	0,0%	6,9%	0,0%	0,0%	3,4%	0,0%	10,3%
		6	Anzahl	0	1	1	2	2	4	1	11
			% der Gesamtzahl	0,0%	3,4%	3,4%	6,9%	6,9%	13,8%	3,4%	37,9%
		7	Anzahl	0	0	0	0	0	1	1	2
			% der Gesamtzahl	0,0%	0,0%	0,0%	0,0%	0,0%	3,4%	3,4%	6,9%
	Gesamt		Anzahl	3	4	3	5	3	8	3	29
			% der Gesamtzahl	10,3%	13,8%	10,3%	17,2%	10,3%	27,6%	10,3%	100,0%
		1	Anzahl	0	0	0	0	0	1	0	1
			% der Gesamtzahl	0,0%	0,0%	0,0%	0,0%	0,0%	6,2%	0,0%	6,2%
		2	Anzahl	0	0	0	0	0	0	1	1
7			% der Gesamtzahl	0,0%	0,0%	0,0%	0,0%	0,0%	0,0%	6,2%	6,2%
		3	Anzahl	1	0	0	0	1	0	0	2
			% der Gesamtzahl	6,2%	0,0%	0,0%	0,0%	6,2%	0,0%	0,0%	12,5%
		4	Anzahl	0	1	1	2	0	2	1	7
			% der Gesamtzahl	0,0%	6,2%	6,2%	12,5%	0,0%	12,5%	6,2%	43,8%

Gesamt	5	Anzahl	0	0	0	0	0	1	1	2
		% der Gesamtzahl	0,0%	0,0%	0,0%	0,0%	0,0%	6,2%	6,2%	12,5%
	6	Anzahl	0	0	0	0	0	1	0	1
		% der Gesamtzahl	0,0%	0,0%	0,0%	0,0%	0,0%	6,2%	0,0%	6,2%
	7	Anzahl	0	0	0	0	0	1	1	2
		% der Gesamtzahl	0,0%	0,0%	0,0%	0,0%	0,0%	6,2%	6,2%	12,5%
	Gesamt	Anzahl	1	1	1	2	1	6	4	16
		% der Gesamtzahl	6,2%	6,2%	6,2%	12,5%	6,2%	37,5%	25,0%	100,0%
Gesamt	1	Anzahl	4	7	8	4	3	8	3	37
		% der Gesamtzahl	0,7%	1,3%	1,4%	0,7%	0,5%	1,4%	0,5%	6,7%
	2	Anzahl	2	11	13	11	6	5	3	51
		% der Gesamtzahl	0,4%	2,0%	2,4%	2,0%	1,1%	0,9%	0,5%	9,2%
	3	Anzahl	7	16	6	14	12	11	1	67
		% der Gesamtzahl	1,3%	2,9%	1,1%	2,5%	2,2%	2,0%	0,2%	12,1%
	4	Anzahl	5	16	30	37	19	17	10	134
		% der Gesamtzahl	0,9%	2,9%	5,4%	6,7%	3,4%	3,1%	1,8%	24,2%
	5	Anzahl	1	5	23	21	18	18	14	100
		% der Gesamtzahl	0,2%	0,9%	4,2%	3,8%	3,3%	3,3%	2,5%	18,1%
	6	Anzahl	4	12	16	23	19	49	9	132
		% der Gesamtzahl	0,7%	2,2%	2,9%	4,2%	3,4%	8,9%	1,6%	23,9%
	7	Anzahl	2	1	4	4	4	10	7	32
		% der Gesamtzahl	0,4%	0,2%	0,7%	0,7%	0,7%	1,8%	1,3%	5,8%
	Gesamt	Anzahl	25	68	100	114	81	118	47	553
		% der Gesamtzahl	4,5%	12,3%	18,1%	20,6%	14,6%	21,3%	8,5%	100,0%

15) Auswertung:

- Wie finden Sie Ihr mögliches Einstiegsgehalt nach der Ausbildung in Ihrem Unternehmen?
- Haben Sie nach der Ausbildung vor ein Studium zu absolvieren?

			Haben Sie nach der Ausbildung vor ein Studium zu absolvieren?							Gesamt
			1	2	3	4	5	6	7	
Wie finden Sie Ihr mögliches Einstiegsgehalt nach der Ausbildung in Ihrem Unternehmen?	1	Anzahl	11	8	9	8	7	9	5	57
		% der Gesamtzahl	2,0%	1,4%	1,6%	1,4%	1,3%	1,6%	0,9%	10,3%
	2	Anzahl	24	28	28	45	9	14	6	154
		% der Gesamtzahl	4,3%	5,1%	5,1%	8,2%	1,6%	2,5%	1,1%	27,9%
	3	Anzahl	33	22	23	20	8	13	3	122
		% der Gesamtzahl	6,0%	4,0%	4,2%	3,6%	1,4%	2,4%	0,5%	22,1%
	4	Anzahl	18	25	19	19	9	12	4	106
		% der Gesamtzahl	3,3%	4,5%	3,4%	3,4%	1,6%	2,2%	0,7%	19,2%
	5	Anzahl	10	12	9	3	3	7	0	44
		% der Gesamtzahl	1,8%	2,2%	1,6%	0,5%	0,5%	1,3%	0,0%	8,0%
	6	Anzahl	8	7	9	4	0	6	1	35
		% der Gesamtzahl	1,4%	1,3%	1,6%	0,7%	0,0%	1,1%	0,2%	6,3%
	7	Anzahl	4	5	7	4	3	6	5	34
		% der Gesamtzahl	0,7%	0,9%	1,3%	0,7%	0,5%	1,1%	0,9%	6,2%
Gesamt		Anzahl	108	107	104	103	39	67	24	552
		% der Gesamtzahl	19,6%	19,4%	18,8%	18,7%	7,1%	12,1%	4,3%	100,0%

Darstellung genutzter SPSS-Auswertungen:

16)
Auswertung:

- Wie finden Sie die Arbeitsinhalte in den Abteilungen?
- Würden Sie derzeit ein Jobangebot Ihres Unternehmens für nach der Ausbildung annehmen?

			Würden Sie derzeit ein Jobangebot Ihres Unternehmens für nach der Ausbildung annehmen?							Gesamt
			1	2	3	4	5	6	7	
Wie finden Sie die Arbeitsinhalte in den Abteilungen?	1	Anzahl	14	5	5	2	2	3	1	32
		% der Gesamtzahl	2,5%	0,9%	0,9%	0,4%	0,4%	0,5%	0,2%	5,8%
	2	Anzahl	79	63	28	19	3	8	5	205
		% der Gesamtzahl	14,2%	11,4%	5,0%	3,4%	0,5%	1,4%	0,9%	36,9%
	3	Anzahl	49	73	55	17	8	8	5	215
		% der Gesamtzahl	8,8%	13,2%	9,9%	3,1%	1,4%	1,4%	0,9%	38,7%
	4	Anzahl	10	15	5	12	10	3	2	57
		% der Gesamtzahl	1,8%	2,7%	0,9%	2,2%	1,8%	0,5%	0,4%	10,3%
	5	Anzahl	2	1	1	1	3	3	0	11
		% der Gesamtzahl	0,4%	0,2%	0,2%	0,2%	0,5%	0,5%	0,0%	2,0%
	6	Anzahl	0	0	2	3	0	3	0	8
		% der Gesamtzahl	0,0%	0,0%	0,4%	0,5%	0,0%	0,5%	0,0%	1,4%
	7	Anzahl	3	7	6	3	2	3	3	27
		% der Gesamtzahl	0,5%	1,3%	1,1%	0,5%	0,4%	0,5%	0,5%	4,9%
Gesamt		Anzahl	157	164	102	57	28	31	16	555
		% der Gesamtzahl	28,3%	29,5%	18,4%	10,3%	5,0%	5,6%	2,9%	100,0%

Mittelwertanalyse:

Fragen	alle	Geschlecht männlich 278	Geschlecht weiblich 288	16 Jahre 2	17 Jahre 8	18 Jahre 16	19 Jahre 69	20 Jahre 165	21 Jahre 128	22 Jahre 79	23 Jahre 48	24 Jahre 22	25 Jahre 8	26 Jahre 5	27 Jahre 2	28 Jahre 2	29 Jahre 1	30 Jahre 2	33 Jahre 1
9. Wie empfinden Sie die Atmosphäre in Ihrem Unternehmen?	2,20	2,23	2,17	2,00	2,00	2,31	2,07	2,09	2,23	2,22	2,33	2,14	3,25	2,40	4,00	3,50	1,00	2,50	3,00
10. Wie bewerten Sie das Arbeitszeitmodell in Ihrem Unternehmen für Ihren späteren Arbeitsalltag?	2,42	2,43	2,41	3,50	2,00	2,31	2,50	2,30	2,45	2,52	2,56	1,91	2,63	2,80	4,00	2,50	2,00	2,00	4,00
11. Wie sind die Arbeitsbedingungen in Ihrem Unternehmen?	2,27	2,29	2,24	2,50	1,88	2,31	2,14	2,16	2,29	2,34	2,33	2,23	2,75	2,80	4,50	3,00	2,00	2,50	3,00
12. Wie sehen Sie Ihr Unternehmen im Vergleich zu anderen Unternehmensabteilungen?	2,21	2,18	2,25	2,50	2,00	2,13	2,04	2,02	2,42	2,28	2,29	1,77	3,00	2,80	3,50	2,00	1,00	3,00	2,00
13. Wie finden Sie Ihre Ausbildung bei Ihrem Unternehmen?	2,20	2,27	2,17	1,50	2,25	1,94	1,96	2,12	2,24	2,43	2,52	1,95	2,88	2,80	4,50	2,00	2,00	3,50	3,00
14. Wie bewerten Sie aktuell Ihre Wahl eine Ausbildung zu absolvieren?	1,90	1,93	1,87	2,00	1,88	1,38	1,84	1,85	1,95	2,08	1,79	1,77	2,25	2,40	3,00	1,50	1,00	1,50	2,00
15. Wie bewerten Sie Ihr Unternehmen?	2,24	2,22	2,27	1,50	2,13	2,13	2,03	2,12	2,39	2,33	2,21	2,18	2,88	3,00	3,50	2,50	1,00	3,00	2,00
16. Wie finden Sie Ihr mögliches Einstiegsgehalt nach der Ausbildung in Ihrem Unternehmen?	3,30	3,38	3,22	2,00	3,25	2,93	2,99	3,15	3,42	3,47	3,94	2,50	4,00	3,40	5,00	1,50	2,00	5,50	4,00
17. Wie finden Sie die Arbeitsinhalte in den Abteilungen?	2,89	2,97	2,82	2,00	2,38	3,06	2,68	2,89	2,89	3,22	2,75	2,82	3,63	2,80	4,00	2,50	2,00	3,50	3,00
18. Wie sehen Sie die Arbeitsplätze Ihres Unternehmens im Hinblick auf Entlassungen?	2,49	2,46	2,52	2,50	2,25	2,44	2,53	2,20	2,40	2,73	3,00	2,27	3,25	2,60	4,50	1,00	2,00	1,50	3,00
19. Können Sie sich vorstellen bei Ihrem Unternehmen langfristig zu arbeiten?	2,87	2,84	2,88	2,50	2,38	2,88	2,68	2,62	3,11	3,38	2,60	2,77	3,25	2,20	4,00	3,50	2,00	2,50	3,00
20. Interessieren Sie sich für Managemententscheidungen Ihres Unternehmens?	2,66	2,48	2,84	3,00	2,50	3,19	2,58	2,52	2,84	2,76	2,68	2,50	3,13	2,40	3,50	2,00	1,00	1,50	3,00
21. Wollen Sie in den nächsten drei bis fünf Jahren heiraten oder eine Familie gründen?	4,32	4,54	4,11	6,00	4,86	4,13	4,55	4,58	4,33	4,07	4,04	4,00	2,75	2,80	5,00	2,50	1,00	6,00	3,00
22. Erhalten Sie von Führungskräften Feedback zu Ihren Arbeitsleistungen?	2,43	2,42	2,43	2,50	1,63	2,31	2,25	2,41	2,44	2,67	2,58	1,82	3,50	2,00	3,00	2,00	2,00	2,00	3,00
23. Halten Sie Ihr Unternehmen für zukunftsfähig?	1,89	1,84	1,94	2,00	1,63	1,81	1,68	1,76	2,02	2,08	1,92	1,36	3,00	2,60	3,00	2,00	1,00	2,00	2,00
24. Können Sie sich mind. zwei Abteilungsleiter als Ihren möglichen späteren Vorgesetzten vorstellen?	3,09	2,96	3,22	3,00	2,88	3,50	2,91	2,82	2,99	3,76	3,09	3,09	3,75	3,00	6,00	3,50	3,00	2,50	4,00
25. Identifizieren Sie sich mit dem Leitbild Ihres Unternehmens?	2,79	2,69	2,89	2,50	2,57	2,88	2,64	2,78	2,91	2,94	2,81	2,14	3,13	2,80	6,00	2,50	1,00	3,00	2,00
26. Führen die Führungskräfte (Abteilungsleiter oder höher) Ihres Unternehmens mitarbeiterorientiert?	2,69	2,79	2,59	1,50	2,50	2,56	2,45	2,46	2,79	2,95	2,89	2,59	4,25	2,60	4,00	4,50	2,00	2,50	3,00
27. Sehen Sie in Ihrem Unternehmen für sich eine berufliche Perspektive?	2,75	2,69	2,80	2,50	2,00	2,13	2,36	2,48	3,05	3,28	2,83	2,45	3,88	2,40	3,50	3,00	2,00	1,50	4,00
28. Haben Sie nach der Ausbildung vor ein Studium zu absolvieren?	3,28	3,07	3,49	6,50	4,50	4,31	3,13	3,06	3,07	3,22	3,50	3,77	2,88	4,60	4,00	5,00	6,00	5,50	5,00
29. Haben Sie sich bereits bei anderen Unternehmen über Jobangebote informiert?	4,47	4,52	4,41	5,50	4,88	4,31	4,58	4,62	4,17	4,19	4,65	4,73	3,88	4,60	4,00	6,00	6,00	6,50	6,00
30. Sind Betreuungsangebote für Kinder für Sie entscheidend bei der späteren Unternehmenswahl?	4,27	4,66	3,91	4,50	4,25	4,31	4,16	4,21	4,23	4,36	4,49	4,59	4,00	3,40	4,00	3,50	6,00	4,50	5,00
31. Würden Sie derzeit ein Jobangebot Ihres Ausbildungsunternehmens für nach der Ausbildung annehmen?	2,64	2,77	2,51	2,50	1,63	3,13	2,64	2,53	2,61	3,17	2,46	2,00	2,63	2,20	6,50	3,00	3,00	2,50	2,00
32. Sehen Sie sich mit Ihrer Ausbildung ausreichend für Ihre spätere Arbeitswelt qualifiziert?	2,52	2,45	2,59	3,00	2,50	2,13	2,25	2,49	2,74	2,72	2,30	2,05	3,38	3,00	2,50	2,50	2,00	2,50	4,00
33. Gibt es in Ihrem Unternehmen weitere finanzielle Leistungsanreize (Prämien, Vergünstigungen, etc.)?	2,63	2,58	2,68	1,00	2,38	2,81	2,34	2,42	2,79	2,90	2,77	1,90	2,75	3,20	4,00	1,50	1,00	2,00	4,00
34. Haben Sie Interesse an einem späteren Unternehmenswechsel?	3,73	3,79	3,66	4,00	3,88	4,00	3,80	4,04	3,51	3,49	3,58	3,48	3,63	3,20	4,00	4,00	2,00	3,00	3,00
35. Haben Sie bereits einen Arbeitsplatz nach der Ausbildung in einem anderen Unternehmen in Aussicht?	5,10	5,09	5,10	5,00	4,50	5,13	5,38	5,27	5,01	4,91	4,94	5,48	3,00	4,20	7,00	4,50	4,00	4,00	5,00
36. Fließt die Unternehmenspolitik bei Ihrer späteren Arbeitgeberwahl mit ein?	3,31	2,97	3,65	3,50	4,13	4,06	3,55	3,38	3,17	3,08	3,21	3,24	2,63	4,40	3,00	3,00	4,00	4,00	3,00
Anzahl positiverer Bewertungen im Vergleich zum Durchschnitt:		15	13	19	24	18	23	25	6	2	11	23	2	10	5	14	23	16	8

Mittelwertanalyse:

Fragen	Befragte	alle	Alter				Schulabschluss				Letzte Tätigkeit vor der Ausbildung				Ausbildungslehrjahr		
			34 Jahre 1	37 Jahre 1	43 Jahre 2	Abitur 292	Fachabitur 224	Realschule 49	Schüler 454	Student 27	Arbeitnehmer 42	Sonstiges 41	1. Lehrjahr 255	2. Lehrjahr 224	3. Lehrjahr 134
9. Wie empfinden Sie die Atmosphäre in Ihrem Unternehmen?		2,20	3,00	2,00	1,50	2,12	2,29	2,20	2,16	2,70	2,24	2,29	2,05	2,32	2,32
10. Wie bewerten Sie das Arbeitszeitmodell in Ihrem Unternehmen für Ihren späteren Arbeitsalltag?		2,42	3,00	1,00	2,50	2,32	2,54	2,47	2,40	2,78	2,62	2,20	2,29	2,54	2,52
11. Wie sind die Arbeitsbedingungen in Ihren Unternehmensabteilungen?		2,27	4,00	2,00	2,50	2,23	2,30	2,29	2,19	2,78	2,57	2,44	2,16	2,35	2,37
12. Wie sehen Sie Ihr Unternehmen im Vergleich zu anderen Unternehmen an?		2,21	7,00	3,00	2,00	2,24	2,18	2,14	2,16	3,04	2,17	2,20	2,12	2,28	2,31
13. Wie finden Sie Ihre Ausbildung bei Ihrem Unternehmen?		2,20	3,00	2,00	2,00	2,18	2,29	2,14	2,16	2,78	2,31	2,34	1,99	2,47	2,35
14. Wie bewerten Sie aktuell Ihre Wahl eine Ausbildung zu absolvieren?		1,90	3,00	3,00	2,00	1,95	1,86	1,73	1,86	2,41	1,90	1,95	1,87	2,03	1,78
15. Wie bewerten Sie Ihr Unternehmen?		2,24	3,00	3,00	2,00	2,21	2,26	2,33	2,22	2,70	2,14	2,29	2,07	2,33	2,47
16. Wie finden Sie Ihr mögliches Einstiegsgehalt nach der Ausbildung in Ihrem Unternehmen?		3,30	5,00	k.A.	4,00	3,22	3,32	3,70	3,27	3,33	3,56	3,32	2,85	3,74	3,60
17. Wie finden Sie die Arbeitsinhalte in den Abteilungen?		2,89	3,00	2,00	2,00	2,89	2,90	2,84	2,83	3,33	3,10	3,00	2,72	3,11	2,95
18. Wie bewerten Sie die Arbeitsplätze Ihres Unternehmens im Hinblick auf Entlassungen?		2,49	4,00	1,00	7,00	2,38	2,65	2,42	2,44	3,19	2,59	2,59	2,43	2,50	2,56
19. Können Sie sich vorstellen bei Ihrem Unternehmen langfristig zu arbeiten?		2,87	2,00	3,00	2,50	2,82	2,94	2,80	2,84	3,48	2,60	3,05	2,61	3,03	3,17
20. Interessieren Sie sich für Managemententscheidungen Ihres Unternehmens?		2,66	2,00	1,00	2,00	2,61	2,68	2,92	2,70	2,48	2,36	2,63	2,54	2,67	2,89
21. Wollen Sie in den nächsten drei bis fünf Jahren heiraten oder eine Familie gründen?		4,32	3,00	2,00	7,00	4,28	4,38	4,23	4,40	3,78	4,02	4,23	4,50	4,40	3,86
22. Erhalten Sie von Führungskräften Feedback zu Ihren Arbeitsleistungen?		2,43	3,00	3,00	2,00	2,36	2,57	2,19	2,44	2,74	2,20	2,27	2,35	2,49	2,51
23. Halten Sie Ihr Unternehmen für zukunftsfähig?		1,89	3,00	2,00	2,00	1,83	1,90	2,18	1,88	2,37	1,74	1,85	1,81	1,84	2,11
24. Können Sie sich mind. zwei Abteilungsleiter als Ihren möglichen späteren Vorgesetzten vorstellen?		3,09	4,00	k.A.	5,00	3,01	3,15	3,28	3,01	3,89	3,28	3,37	2,72	3,27	3,56
25. Identifizieren Sie sich mit dem Leitbild Ihres Unternehmens?		2,79	4,00	3,00	2,00	2,69	2,91	2,89	2,80	3,26	2,66	2,49	2,68	2,91	2,85
26. Führen die Führungskräfte (Abteilungsleiter oder höher) Ihres Unternehmens mitarbeiterorientiert?		2,69	5,00	3,00	2,50	2,60	2,75	2,83	2,64	3,41	2,56	2,88	2,44	2,82	2,96
27. Sehen Sie in Ihrem Unternehmen für sich eine berufliche Perspektive?		2,75	3,00	3,00	4,00	2,73	2,80	2,50	2,70	3,19	2,51	3,12	2,42	2,89	3,20
28. Haben Sie nach der Ausbildung vor ein Studium zu absolvieren?		3,28	6,00	4,00	5,50	2,87	3,53	4,57	3,22	2,93	3,71	3,71	3,17	3,23	3,52
29. Haben Sie sich bereits bei anderen Unternehmen über Jobangebote informiert?		4,47	4,00	6,00	4,50	4,58	4,37	4,29	4,42	4,78	4,48	4,78	4,76	4,55	3,83
30. Sind Betreuungsangebote für Kinder für Sie entscheidend bei der späteren Unternehmenswahl?		4,27	2,00	6,00	5,50	4,17	4,43	4,15	4,26	4,74	4,05	4,41	4,29	4,44	4,06
31. Würden Sie derzeit ein Jobangebot Ihres Unternehmens für nach der Ausbildung annehmen?		2,64	2,00	4,00	2,50	2,60	2,71	2,47	2,64	3,19	2,38	2,54	2,58	2,84	2,47
32. Sehen Sie sich mit Ihrer Ausbildung ausreichend für Ihre spätere Arbeitswelt qualifiziert?		2,52	5,00	1,00	2,00	2,55	2,50	2,43	2,54	2,78	2,31	2,32	2,42	2,62	2,59
33. Gibt es in Ihrem Unternehmen weitere finanzielle Leistungsanreize (Prämien, Vergünstigungen, etc.)?		2,63	6,00	5,00	7,00	2,53	2,71	2,90	2,65	2,93	2,36	2,44	2,50	2,74	2,76
34. Haben Sie Interesse an einem späteren Unternehmenswechsel?		3,73	4,00	7,00	4,00	3,77	3,67	3,73	3,76	3,37	3,69	3,51	3,97	3,61	3,40
35. Haben Sie bereits einen Arbeitsplatz nach der Ausbildung in einem anderen Unternehmen in Aussicht?		5,10	6,00	5,00	5,50	5,20	5,02	4,92	5,11	4,74	5,15	5,12	5,30	4,99	4,86
36. Fließt die Unternehmenspolitik bei Ihrer späteren Arbeitgeberwahl mit ein?		3,31	2,00	4,00	3,00	3,22	3,28	3,98	3,38	2,37	3,29	3,20	3,41	3,18	3,30
Anzahl positiverer Bewertungen im Vergleich zum Durchschnitt:			5	12	16	19	7	15	21	2	15	12	26	5	4

Mittelwertanalyse:

Fragen	Befragte	alle	Kfm. Ausbildungsabschluss			Mitarbeiteranzahl				Studium der Eltern	
			Industrie 201	Bank 78	Versicherung 287	< 150 MA 178	151-350 52	351-2500 131	2501 < 190	ja 140	nein 418
9. Wie empfinden Sie die Atmosphäre in Ihrem Unternehmen?		2,20	2,39	2,26	2,05	2,27	2,42	2,28	2,03	2,38	2,13
10. Wie bewerten Sie das Arbeitszeitmodell in Ihrem Unternehmen für Ihren späteren Arbeitsalltag?		2,42	2,23	2,31	2,58	2,86	2,29	2,17	2,23	2,42	2,43
11. Wie sind die Arbeitsbedingungen in Ihren Unternehmensabteilungen?		2,27	2,40	2,39	2,14	2,42	2,50	2,17	2,14	2,40	2,21
12. Wie sehen Sie Ihr Unternehmen im Vergleich zu anderen Unternehmen an?		2,21	2,53	2,14	2,01	2,50	2,80	2,06	1,88	2,35	2,18
13. Wie finden Sie Ihre Ausbildung bei Ihrem Unternehmen?		2,20	2,35	1,88	2,22	2,43	2,60	2,02	2,08	2,37	2,17
14. Wie bewerten Sie aktuell Ihre Wahl eine Ausbildung zu absolvieren?		1,90	1,96	1,91	1,85	1,86	2,14	1,84	1,91	2,03	1,85
15. Wie bewerten Sie Ihr Unternehmen?		2,24	2,50	2,29	2,05	2,53	2,73	2,11	1,95	2,36	2,20
16. Wie finden Sie Ihr mögliches Einstiegsgehalt nach der Ausbildung in Ihrem Unternehmen?		3,30	3,49	3,69	3,06	3,95	3,60	3,27	2,66	3,43	3,25
17. Wie finden Sie die Arbeitsinhalte in den Abteilungen?		2,89	2,92	2,78	2,90	2,95	3,02	2,71	2,93	2,89	2,89
18. Wie bewerten Sie die Arbeitsplätze Ihres Unternehmens im Hinblick auf Entlassungen?		2,49	2,87	1,93	2,38	2,71	2,92	2,22	2,35	2,55	2,45
19. Können Sie sich vorstellen bei Ihrem Unternehmen langfristig zu arbeiten?		2,87	3,01	2,91	2,75	3,40	3,22	2,66	2,42	3,10	2,79
20. Interessieren Sie sich für Managementscheidungen Ihres Unternehmens?		2,66	2,57	2,53	2,77	2,77	2,59	2,57	2,65	2,60	2,68
21. Wollen Sie in den nächsten drei bis fünf Jahren heiraten oder eine Familie gründen?		4,32	4,45	4,13	4,28	4,29	4,08	4,28	4,47	4,12	4,39
22. Erhalten Sie von Führungskräften Feedback zu Ihren Arbeitsleistungen?		2,43	2,60	1,91	2,45	2,68	2,67	2,08	2,36	2,54	2,40
23. Halten Sie Ihr Unternehmen für zukunftsfähig?		1,89	2,13	1,76	1,76	2,25	2,23	1,76	1,58	2,04	1,83
24. Können Sie sich mind. zwei Abteilungsleiter als Ihren möglichen späteren Vorgesetzten vorstellen?		3,09	2,57	2,52	3,62	3,96	2,63	2,21	3,04	2,96	3,14
25. Identifizieren Sie sich mit dem Leitbild Ihres Unternehmens?		2,79	3,01	2,53	2,72	3,11	3,08	2,52	2,64	2,85	2,78
26. Führen die Führungskräfte (Abteilungsleiter oder höher) Ihres Unternehmens mitarbeiterorientiert?		2,69	2,84	2,56	2,61	2,91	2,98	2,40	2,58	2,78	2,65
27. Sehen Sie in Ihrem Unternehmen für sich eine berufliche Perspektive?		2,75	2,92	2,67	2,64	3,29	3,04	2,57	2,31	2,92	2,69
28. Haben Sie nach der Ausbildung vor ein Studium zu absolvieren?		3,28	3,18	2,65	3,52	3,61	2,90	2,89	3,33	3,15	3,31
29. Haben Sie sich bereits bei anderen Unternehmen über Jobangebote informiert?		4,47	4,39	3,91	4,67	4,40	4,10	4,41	4,67	4,64	4,43
30. Sind Betreuungsangebote für Kinder für Sie entscheidend bei der späteren Unternehmenswahl?		4,27	4,17	3,72	4,50	4,43	3,96	3,79	4,56	4,13	4,32
31. Würden Sie derzeit ein Jobangebot Ihres Unternehmens für nach der Ausbildung annehmen?		2,64	2,51	2,35	2,80	2,90	2,50	2,31	2,64	2,79	2,59
32. Sehen Sie sich mit Ihrer Ausbildung ausreichend für Ihre spätere Arbeitswelt qualifiziert?		2,52	2,73	2,49	2,39	2,73	2,77	2,44	2,31	2,76	2,44
33. Gibt es in Ihrem Unternehmen weitere finanzielle Leistungsanreize (Prämien, Vergünstigungen, etc.)?		2,63	3,25	2,63	2,20	3,20	3,13	2,47	2,12	2,91	2,54
34. Haben Sie Interesse an einem späteren Unternehmenswechsel?		3,73	3,33	3,64	4,03	3,32	3,35	3,66	4,23	3,50	3,80
35. Haben Sie bereits einen Arbeitsplatz nach der Ausbildung in einem anderen Unternehmen in Aussicht?		5,10	5,20	5,16	5,01	4,94	5,13	5,23	5,14	4,94	5,16
36. Fließt die Unternehmenspolitik bei Ihrer späteren Arbeitgeberwahl mit ein?		3,31	3,37	3,00	3,36	3,43	2,96	3,29	3,31	3,14	3,37
Anzahl positiverer Bewertungen im Vergleich zum Durchschnitt:			6	15	20	5	4	20	23	2	25

Quellenverzeichnis

Literaturverzeichnis

A

Arthur, D.: The Employee Recruitment and Rentention Handbook, New York (USA), 2001

B

Beicht, U. / Herget, H. / Walden, G.: Kosten und Nutzen der betrieblichen Berufsausbildung in Deutschland. In: Bundesinstitut für Berufsbildung (Hg.): Berichte zur beruflichen Bildung, Band 264, Bertelsmann Verlag, Bielefeld, 2004

Bösenberg, C. / Küppers, B.: Im Mittelpunkt steht der Mitarbeiter- Was die Arbeitswelt wirklich verändern wird, Haufe Verlag, München, 2011

Branham, L.: The 7 Hidden Reasons Employees Leave: How to Recognize the Subtle Signs and Act Before It's Too Late, Amacom, New York (USA), 2005

Buckert, A.: Gewinnung und Bindung von Auszubildenden - oder: Nicht jeder Auswahlprozess ist kundenorientiert. In: Buckert, A. (Hg.) / Kluge, M. (Hg.): Der Wettbewerb um Azubis : wie Unternehmen auf der Suche punkten können, 2. Auflage, Christiani Verlag, Konstanz, 2011

Bundesministerium für Bildung und Forschung (Hg.): Innovationspotenziale des Ausbildungsplatzprogramms Ost, Bonn / Berlin, 2010

Burner, F.: Work-Life Balance - Herausforderungen für die Beschäftigten vor dem Hintergrund entgrenzter Arbeit und Handlungsempfehlungen zur besseren Vereinbarkeit von Berufs- und Privatleben, Diplomica Verlag, Hamburg, 2013

D

Dionisius, R. / Pfeifer, H. / Schönfeld, G. / Walden, G. / Wenzelmann, F.: Kosten und Nutzen der dualen Ausbildung aus Sicht der Betriebe, Bertelsmann Verlag, Bonn, 2010

Drude, C.: Geistes und Sozialwissenschaften - Kurzlehrbuch für Pflegeberufe, Urban & Fischer Verlag, München, 2008

F

Falkenau, J.: Sportsponsering - Wirkung und Erfolgsfaktoren aus neuropsychologischer Sicht, Haufe Verlag, Freiburg, 2013

H

Herzberg, F. / Mausner, B. / Snyderman, B.: The Motivation to Work, Wiley, New York (USA), 1959

Heyse, V. / Wucknitz, U. D.: Retention Management - Schlüsselkräfte entwickeln und binden. In: Heyse, V.(Hg.) / Erpenbeck, J. (Hg.): Kompetenzmanagement in der Paxis, Band 3, Waxmann Verlag, Münster, 2008

Quellenverzeichnis

Literaturverzeichnis

J

Jost, P.-J.: Organisation und Management - Eine ökonomische-psychologische Einführung, 2. Auflage, Gabler Verlag, Wiesbaden, 2008

K

Kirchhoff, S. / Kuhnt, S. / Lipp, P. / Schlawin, S.: Der Fragebogen- Datenbasis, Konstruktion und Auswertung, 5. Auflage, VS Verlag, Wiesbaden, 2010

Kobi, J.-M.: Die Balance im Management, Gabler Verlag, Wiesbaden, 2008

Kriegler, W. R.: Praxishandbuch Employer Branding - Mit starker Marke zum attraktive Arbeitgeber werde, Haufe Verlag, Freiburg, 2012

L

Liebhart, C.: Mitarbeiterbindung: Employee Retention Management und die Handlungsfelder der Mitarbeiterbindung, Diplimoca Verlag, Hamburg, 2009

Loffing, C. / Loffing, D.: Mitarbeiterbindung ist erlernbar - Praxiswissen für Führungskräfte in Gesundheitsfachberufen, Springer Verlag, Berlin, 2010

M

Maier, G.: Wege zur langfristigen Mitarbeiterbindung - Wie wichtig ist der ‚Wohlfühlfaktor'?, Bregenz, 2007

Maslow, A. H.: Motivation and Personality, Harper and Row, New York (USA), 1954

Meifert, M.: Strategische Personalentwicklung : ein Programm in acht Etappen, Springer Verlag, Berlin, 2008

Mitesser, M.: Fachkräftemangel in Deutschland - Ausmaß, Ursachen und Lösungsstrategien, Diplomica Verlag, Hamburg, 2012

Molzberger, G.: Differenzielle Qualifizierungswege - neue Perspektive für sozial benachteiligte junge Menschen. In: Dehnbostel, P. (Hg.) / Zimmer, G.: Berufsausbildung in der Entwicklung - Positionen und Leitlinien, Duales System, Schulische Ausbildung, Übergangssystem, Modularisierung, Europäisierung, Bertelsmann Verlag, Bielefeld, 2009

P

Porst, R.: Fragebogen- Ein Arbeitsbuch, 2. Auflage, VS Verlag, Wiesbaden, 2009

Preißing, D.: Erfolgreiches Personalmanagement im demografischen Wandel, Oldenbourg Wissenschaftsverlag, München, 2010

Quellenverzeichnis

Literaturverzeichnis

R

Rolle, S.: Work-Life-Balance als Zukunftsaufgabe: Personalbindung und Arbeitszufriedenheit im Kontext der Familienfreundlichkeit, Diplomica Verlag, Hamburg, 2012

S

Schelenz, B.: Personalkommunikation: Recruiting! Mitarbeiterinnen und Mitarbeiter gewinnen und halten, Publics Verlag, Erlangen, 2007

Schneewind, K. A.: Work-Life Balance. In: Rosenstiel, L. v. / Regnet, E. / Domsch, M. (Hg.): Führung von Mitarbeitern. Schäffer-Poeschel Verlag, Stuttgart, 2009

Schorlemer, G. v.: Unterrichtsentwicklung - Ergebnisse der empirischen Bildungsforschung, 4. Auflage, Books on Demand Verlag, Norderstedt, 2013

Z

Zaugg, R. J.: Nachhaltiges Personalmanagement - Eine neue Perspektive und empirische Exploration des Human Ressource Management, Gabler Verlag, Wiesbaden, 2009

Quellenverzeichnis

Sonstige Quellen

Bundesinstitut für Berufsbildung: Anzahl der Ausbildungsberufe,
URL:
www.bibb.de/de/wlk26560.htm#Fussnote3, abgerufen am 20. März 2013